監修者——木村靖二／岸本美緒／小松久男／佐藤次高

[カバー表写真]
ローザ・ルクセンブルクの肖像
（1907年）

[カバー裏写真]
ローザ・ルクセンブルク歩行橋と記念碑
（ベルリン）

[扉写真]
クララ・ツェトキンとローザ・ルクセンブルクの銅像
（ベルリン）

世界史リブレット人87

ローザ・ルクセンブルク

闘い抜いたドイツの革命家

Himeoka Toshiko
姫岡とし子

目次

ローザ・ルクセンブルクの記憶

ローザ・ルクセンブルク(一八七一〜一九一九)は、ドイツの革命家であり、理論家であった。プラハの春▲やベトナム反戦運動▲、学生運動の興隆▲などにみられる一九六〇年代から七〇年代にかけての政治的高揚期に、彼女は再評価され、伝記や資料集、研究書の出版が相次いだ。現存の社会主義を批判しながらも革命への幻想はまだ存在し、学生運動が反権威主義を唱えた時代に、下からの革命を重視していたローザが、それらのシンボルとなって脚光を浴びたのである。

　ベルリンの壁が崩壊し、社会主義への幻想が潰えた今、多くの革命家が落ちた偶像となり、ローザも以前のようには称賛されなくなった。とはいえ、彼女は現在でも肯定的に評価され、人物や思想に関心が寄せられる数少ない革命家

▼プラハの春　チェコスロバキアで一九六八年春から夏にかけて新任のドプチェク共産党第一書記の指導下で推進された一連の自由化政策。同年八月にソ連・東欧軍の介入によって弾圧された。

▼ベトナム反戦運動　南北ベトナムの統一をめぐる争いにアメリカが介入し、インドシナ半島の共産化を防ぐため一九六五年に北ベトナムへの爆撃を開始。この時期にアメリカ反戦集会が開かれ、その後アメリカ全土、さらに世界各地で反戦運動が展開された。

▼学生運動の興隆　一九六八年五月にフランスで学生を主体にして権威的な政治や大学管理を批判し、改革を実現した運動を契機に、大学内の反権威主義や政治体制の変革を求める学生の運動が世界各地で興隆した。

▼**ウラジーミル・イリイチ・レーニン**（一八七〇〜一九二四）　本名ウリヤーノフ。ロシアの革命家でソ連建国の父。父は教育者で貴族。ロシア社会民主労働者党の急進派ボリシェヴィキの指導者として、社会主義革命をめざす。一九一七年の二月革命後、亡命先のスイスから帰国し、ボリシェヴィキを率いて十月革命を遂行し、史上初の社会主義政権を樹立。

の一人である。

一九一九年一月の蜂起のさいに虐殺されたローザは、カール・リープクネヒトら闘争の犠牲者三三人と一緒にベルリン東部のフリードリヒスフェルデ中央墓地に埋葬された。そこに二六年に革命記念碑が建てられたが、ナチ時代に徹底的に破壊されている。彼女の著作も、ナチの手で焚書された。その場所に、旧東ドイツ建国後の一九五一年、社会主義者を追憶する場が設けられ、国家によってその栄誉を認められた多くの共産主義者や社会主義者が眠っている。ローザの墓碑は一番目立つ場所にあり、今なお、つねに花が手向けられている。

旧東ドイツは、彼女のレーニン▲やロシア革命への批判を根拠に、またドイツ共産党の敗北の原因をつくったとしてローザの政治思想を受け入れなかったが、彼女のドイツ労働運動への貢献や闘い抜いた生涯、そして何よりも、革命闘争のさなかに虐殺されたことには敬意を払った。殉教者として彼女を国家の創設神話のなかに取り込み、彼女を想起する催しやデモを毎年おこなっていた。他方で旧東ドイツの文化人たちは、硬直した体制を批判するさいに、しばしばローザの文章を引用した。特に有名なのは、「自由とは、考え方の違う者の自由

●**カール・リープクネヒト**（一八七一〜一九一九）
社会民主党創始者ヴィルヘルム・リープクネヒト（三五頁用語解説参照）の息子。弁護士。一九〇〇年に社会民主党に入党し、プロイセン邦議会議員を経て、一二年に帝国議会議員。社会民主党の最左派議員で、一四年十二月の議会でただ一人軍事予算に反対。その後、ローザとともにスパルタクス団を結成し、革命運動を指導。一九一九年一月十五日にローザとともに虐殺される。

●**革命記念碑**
一九二六年建設。ナチによって破壊された。

である」という一文である。この文は、ベルリンの壁崩壊の契機となった民主化要求デモンストレーションの標語ともなった。

一九八七年には、ローザの死体が投げ込まれた運河のほとり（旧西ベルリン）に記念碑が建てられた。その側にある歩行者用の橋は、二〇一二年にローザ・ルクセンブルク歩行橋と名づけられた（カバー裏写真参照）。ドイツでは、多くの通りや広場が著名人にちなんで名づけられている。旧東ベルリンの大通りや広場には、スターリン▲やレーニンの名が冠されていたが、一九九〇年のドイツ統一以降、その名称が変更され、レーニン像は撤去された。対照的にローザ・ルクセンブルク通りや広場の名前は、そのまま維持されている。彼女が、旧東ドイツの現存社会主義とは異なる民主主義的社会主義をめざした人物として評価されているからである。現在でも、彼女の虐殺日近くの一月の第二日曜日に、左翼党▲党員をはじめ、さまざまな左派グループや平和運動につどう人びとが、彼女を想起し、社会に対する抗議や平和のための大規模なデモンストレーションをおこなっている。

一九九八年には、左翼党の前身の民主社会党▲がローザ・ルクセンブルク広場

▼ヨシフ・ヴィサリオノヴィチ・スターリン（一八七九〜一九五三）　本名ジュガシヴィリ。父はグルジアの靴職人で、神学校で教育を受ける。ボリシェヴィキに加わり、革命後の一九二二年に党書記長に就任。レーニンの死後、永続革命を唱えるトロツキーとの争いを制して後継者の地位を確立。農業の集団化と工業重点化政策を推進。反対派を弾圧し、三六年には大テロルを実施。第二次世界大戦では独ソ戦に勝利。死後の一九五六年、独裁者として批判された。

▼左翼党　新自由主義路線をとったドイツ社会民主党指導部に反発した最左派が二〇〇五年に離党して結成した「労働と社会的公正のための選挙オルタナティブ」と旧東ドイツの地域政党色が強かった民主社会党が連携して二〇〇五年の連邦議会選挙を戦い、約八パーセントの得票を獲得。〇七年に両党は正式に合併し、左翼党が誕生。旧西ドイツ地域の州議会や欧州議会でも議席を獲得している。

▼民主社会党　旧東ドイツの議会で議席をほぼ独占していたドイツ社

会主義統一党の後継政党。旧東ドイツ初の自由選挙で約一六パーセントの議席しか獲得できなかった。統一後は旧東地域で議席獲得ラインの五パーセントを突破し、連邦議会で議席をえる。その後、旧西ドイツ地域の州議会には進出できなかったが、旧東ドイツ住民の不満を代表する政党として旧東ドイツの州議会や地方自治体議会で議席を伸ばす。一九九八年の選挙で、初めてドイツ全体で五パーセントを突破し、欧州議会選挙でも議席を獲得。社会主義統一党の改革政党として誕生した民主社会党は、その改革精神をローザの思想と重ねあわせている。

に彼女の記念碑をあらたにつくろうとし、ベルリン市議会で連立を組んでいた社会民主党も賛成した。しかし、ボンの社会民主党歴史研究センターが、ベルリンには彼女の記念碑がすでに十分に存在するという理由で反対した。議会制民主主義にもとづくドイツ連邦共和国の政治の担い手であることに誇りと自負心を持つ社会民主党は、議会制に反対したローザを記念することはできなかったのだ。記念碑は建たなかったが、広場には、あらたにローザの言葉を引用した真鍮の銘板が貼られている。

　ローザは、身長一五〇センチあまりと小さな身体ながら、溢れでるエネルギーで、プロレタリア社会主義革命の樹立という目的に向かって一目散に突き進む生涯を送った。孤立を恐れない毅然とした性格で、自分の能力に絶対の自信をもち、自分が正しいと思うことは他人に何といわれようと絶対に曲げず、妥協もしなかった。他方で彼女は、人間に対する思いやりと優しさに満ち、動物や植物など自然を愛する感性豊かな女性だった。文学や音楽、絵画への造詣も深く、その専門家になれるほどの才能に恵まれていた。彼女は感情的に満たされ心の許せるパートナーを必要とし、自然や飼い猫に癒しを求めた。しかし、

社会主義者を追憶する場(上)　後ろにあるとがった社会主義者追悼碑に「死者は警告する」と書かれている(中)。その碑の右下にローザの墓がある(下)。

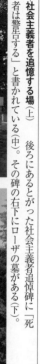

●――ローザの記念碑　イスラエルの彫刻家イガエル・トゥマルキン作。一九八四年にローザが隠れ家から兵師団の司令部がおかれていたエーデンホテルに連れて行かれた地区に寄贈され、その道中におかれている。ローザの頭に機関銃が向けられて移送された道路をあらわしている。

●――ローザ・ルクセンブルク通りと広場を示す標識

彼女にとっては革命こそ何を犠牲にしてでも達成すべき目標であり、そのために全身全霊で取り組むことこそ自分の使命だと考えていたのである。

そんな彼女の人間性と革命への思いをよくあらわしている二つの文章を紹介しておこう。一つは、パートナーのレオ・ヨギヘス宛ての一八九九年三月の手紙に書かれていた「ああ、ジョオジョ〔ヨギヘスの愛称〕、私には子どもは絶対にもてないの」という一文。ローザ・ルクセンブルク広場に貼られた真鍮の銘板にも、この一文が採用されている。もう一つは、リープクネヒトの妻ゾフィー▲に宛てて一九一七年五月に獄中から書かれた手紙のなかの一文である。「心のうちでは、ここのようなささやかな庭とか、マルハナバチや草に囲まれて野原にいるときの方が、党大会なんかに出ているときよりも、はるかに自分の本来の居場所にいる気がする……にもかかわらず、私は、あなたも知ってるように、自分の持ち場で死にたいと願っています。市街戦で、あるいは監獄で」。

本書では、こうしたローザの人間性にも触れながら、国際情勢の変化とドイツ社会民主党の変遷を背景に、闘い抜いた彼女の生涯と彼女の革命論の形成過程を描きたい。また、ローザの親友だったクララ・ツェトキン▲の生涯と彼女

▼ゾフィー・リープクネヒト（一八八四〜一九六四）　ロシア生まれ。ローザンヌのギムナジウムを卒業し、ドイツの大学で歴史学と美術史を学び、哲学博士の学位を取得。カール・リープクネヒトの前妻の死後、一九一二年に彼と結婚し、前妻とのあいだに生まれた三人の子どもを育てる。夫の死後はソ連大使館に勤め、彼の著作や書簡を出版。ナチの政権獲得後の一九三四年にモスクワに亡命し、ドイツ語教師として働く。写真はカールとゾフィー。

▼クララ・ツェトキン（一八五七〜一九三三）　ローザの親友でマルクス主義者。社会民主党左派に属し、プロレタリア女性運動を指導。詳しくは本書第四章参照。

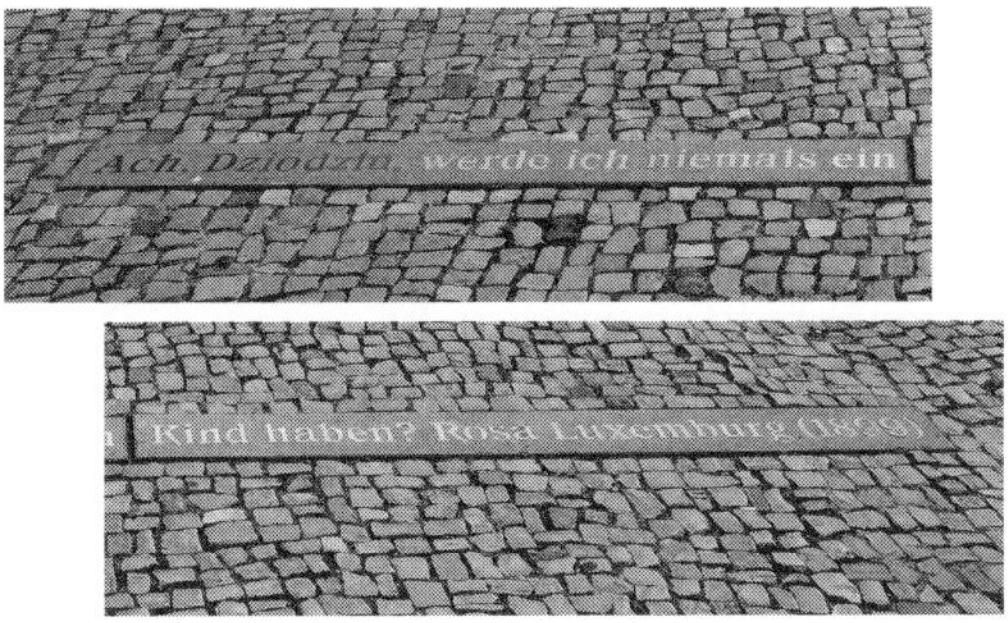

「子供は絶対にもてない」の銘板

が指導した第二帝政期ドイツのプロレタリア女性運動についても触れ、社会民主党の変遷を別の面から浮き彫りにする。

ザモシチのローザの生家

父エリアス

①—ポーランド亡命からドイツ社会民主党の舞台へ

革命意識の芽生え

ローザ・ルクセンブルクは一八七一年(七〇年誕生説もある)三月五日に、ロシア帝国の支配下にあったポーランドのザモシチで、五人兄弟の末っ子として生まれた。ウクライナ国境近くにあるこの町には、ユダヤ人社会があった。ローザの父親も母親もユダヤ人だったが、ユダヤ教には縛られない同化ユダヤ人で、ポーランドに愛着を感じていた。

ローザの生家は、典型的な市民層知識人の家庭だった。父親は材木商で、商用でしばしばドイツに出かけ、西欧的なものの見方や西欧文化を持ち帰った。教育熱心で、商売と子どもたちの教育のために、一家は一八七三年にワルシャワに移った。ローザの兄たちは、ドイツの商業学校に送っている。ドイツ語は、家族全員が話せた。教養に秀でていた母親は聖書を熱心に読み、ドイツやポーランドの古典文学に親しみ、ローザの精神形成に大きな影響を与えた。こうしたリベラルで文化的、かつポーランド人としてのアイデンティティを持つ家庭

母リーナ

▼ヴィルヘルム一世（在位一八七一～八八）　兄のプロイセン王フリードリヒ四世に子どもがいなかったため、一八六一年の兄の崩御にともないプロイセン王に即位。ビスマルクを首相に任じて軍制改革をおこなう。七一年の普仏戦争に勝利してドイツ皇帝に即位し、ドイツ統一を達成。

環境のなかで育ったローザは、詩をつくるなど、幼少期からその才能を発揮していた。

ワルシャワに来てまもなく、腰を患ったローザは骨髄結核と誤診されてギプスをはめられ、一年間ベッドに横たわる生活を強いられた。そのため彼女は、軽く足を引きずって歩くようになる。そのせいか、彼女の文学への関心が深まり、九歳ですでにドイツ語の短編や詩をポーランド語に訳したりしていた。ドイツ皇帝ヴィルヘルム一世▲がワルシャワを訪問したときには、一三歳のローザは君主制への反感から彼をからかう詩を書いた。

教育の世界には民族格差が存在した。ワルシャワ一の高等女学校はロシア人向けのため、ローザは第二高等女学校に入学したが、そこでもロシア人優位が貫徹され、ユダヤ人の入学者数は制限されていた。学校内ではロシア化政策が徹底され、ポーランド語の使用は禁止された。ロシア人教師による抑圧は生徒たちに抵抗精神を育ませ、学外の反体制的な政治組織とも結びついた。ローザもこうした組織と接触を持つようになった。一八八七年に彼女は高等女学校を最優秀の成績で卒業したが、政治活動への参加と、そしておそらくユダヤ人であったがゆえに、本来なら当然受けられるはずの優等生表彰の対象にはならなかった。

　ロシアによる社会変革をめざす人々への弾圧が強まるなか、政治意識を鋭敏化させていたローザは、プロレタリアート党▲の一員となって労働者のあいだで秘密活動を本格的に開始し、マルクスやエンゲルスの文献を読んだ。この党と、もう一つ一八八九年に設立されたポーランド労働者同盟▲の働きかけで、一八八八年から八九年にかけて社会主義運動が活発化した。しかし、革命的な組織での活動を警察に探知され、逮捕の危険にさらされた彼女は、シベリアに流刑されるよりも外国で活動した方がいい、という友人たちの説得を受け入れてポーランドを去ることにした。非合法ルートによる越境の手筈を整えてくれたのは、プロレタリアート党の設立メンバーで、一九〇五年十一月に絞首刑に処されるまでローザと緊密な関係を保つことになる、労働者出身のカスプシャク▲だった。このとき運悪くルートが機能しなくなって、ローザは国境の村から動けなくなったが、彼はカトリックの僧侶に「ユダヤ人少女がキリスト教徒の洗礼を受けたがっているが、両親の反対のために国外でやらざるをえない」と頼み込み、

▼プロレタリアート党　プロレタリアート党(第一次)は一八八二年に結成された最初の社会主義的な組織。ナロードニキ的なテロ手段と労働者のなかで活動する二つの道が存在。高等中学校の上級学年や大学生のあいだでも影響力を持つ。ローザは中央主権的なこの党での活動をのちに批判。壊滅の後、八八年にプロレタリアート党(第二次)が再結成された。

▼ポーランド労働者同盟　一八八九年にユリアン・マルフレフスキ、アドルフ・ヴァルシェフスキによって組織され、当初、労働者の経済的要求の解決にあたり、労働組合を通じて労働者大衆とも関わりをもつ。のちに政治活動に従事。

▼マルチン・カスプシャク(一八六〇〜一九〇五)　プロイセン領ポーランドのポズナン出身。職業革命家になり、何度も亡命し、逮捕される。ロシア秘密警察のスパイという汚名をきせられた。ローザ関連のポーランド社会民主党の出版物をポーランドで配布。一九〇五年、秘密印刷の現場をワルシャワ警察にみつけられ、武器で身を守ったため死刑判決を受ける。同年十一月執行。

●—ローザの成長

1876年，5歳

1883年，12歳

1888年，17歳

1890年，19歳

●—ローザの家族　ローザ(右から三番目)とローザの母(着席左端)、男性二人はローザの兄。女性のうち二人はローザの姉と思われるが、詳細は不明である。

この僧侶の協力でローザは農民の荷車に積まれた藁(わら)のなかに隠れて、亡命に成功した。

チューリヒでの生活と伴侶ヨギヘスとの出会い

一八八九年末に無事スイスのチューリヒに到着したローザは、ヨーロッパでいち早く、女性に大学の門戸を開放していた(一八八〇年以降)チューリヒ大学に入学した。専攻したのは、自然好きの彼女らしく、自然科学だった。しかし、ローザの生きる世界はやはり政治であり、九二年には法学部に転部して、公法や経済学を学んだ。最も熱心に受講したのはユリウス・ヴォルフ▲教授の国民経済学で、のちに彼のもとで「ポーランドの産業発展」という論文を書いて博士号を取得している。彼に影響を受けてはいたが、総合的な理論体系を求めるマルクス主義者のローザは、資料と客観性を重視する彼の学問に物足りなさを感じ、仲間の学生たちとともに教授にやっかいな質問をして、彼を困らせた。それでも教授は、ローザの卓越した才能を高く評価していた。

当時のチューリヒはヨーロッパで最も自由な都市の一つで、ロシアやポーラ

▼**ユリウス・ヴォルフ**(一八六二～一九三七)　オーストリア帝国で生まれ、二年間の銀行勤務ののち、ウィーン大学で国民経済学、国家学を学び、テュービンゲン大学で博士号、チューリヒ大学で教授資格を取得。私講師を経て一八八九年にチューリヒ大学正教授、九七年にブレスラウ大学へ移籍。マンチェスター学派といわれる。一九一三年、王立工科大学に移り、人口問題への関心から国際性科学協会の設立に参加。

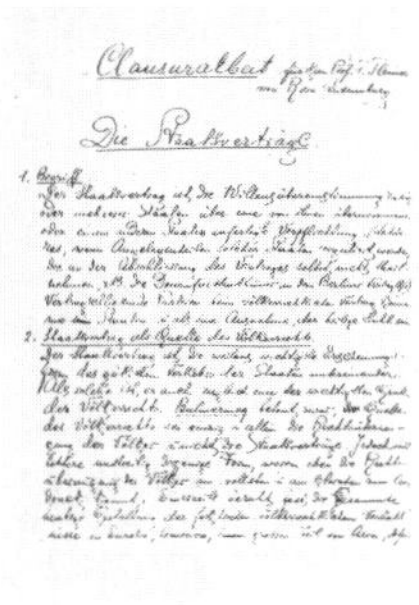

チューリヒ大学でのローザの筆記試験の答案

ヨギヘス

ンドから多くの政治的亡命者が集まって活動していた。ローザもあたりまえのように亡命者の政治グループに参加し、彼らから理論面でも実践面でもおおいに刺激されていた。彼女が親密に交流したのはポーランドの社会主義者たちで、彼らは生涯の親しい仲間となった。なかでも、一八九〇年にチューリヒで出会ったレオ・ヨギヘスは、ローザにとって政治活動の面でも私生活でも特別な人となった。

ヨギヘスは、一八六七年に現在のリトアニア、当時のロシア占領下ポーランドのヴィリニュスで、ロシア化した裕福なユダヤ人の息子として生まれた。高等学校時代から革命活動に献身し、一八八五年にヴィリニュスで最初の革命的サークルをつくっている。早くから秘密活動に才能を発揮していた彼は、労働者や軍隊への働きかけもおこなっていた。八八年と八九年に逮捕された彼は、釈放後も警察の管理下におかれていたため亡命を決意し、荷車の粘土のなかに隠れて国境を越えた。

ポーランド王国社会民主党の結成

一八八〇年代末、第二インターナショナル▲の結成など国際社会主義運動が再び活性化した時期にポーランドの労働運動もあらたな高揚期を迎え、プロレタリアート党が再結成された。その後、一八九二年にはすべての労働運動グループの統一組織としてポーランド社会党がつくられ、亡命グループもそのなかに結集された。しかし、ローザとヨギヘスはポーランド社会党の民族主義を批判して党指導部から離れ、九三年に若い留学生たちを中心にパリで機関紙『スプラヴァ・ロボトニチャ』(労働問題)を創刊したのである。ローザがその実質的な指導者となり、父親の遺産を継承していたヨギヘスが経費を受け持った。

一八九三年八月に、チューリヒで第二インターナショナルの第三回大会が開催された。ローザは『スプラヴァ・ロボトニチャ』紙を基盤にして大会出席の権利を確保した。彼女は、ポーランドの社会民主主義運動の発展に関する報告を書き、これによって大会でのポーランド代表権をえようとしたが、失敗した。というのも、ポーランド社会党には相反する主張を掲げる二つの潮流が存在したからである。一つは、ポーランド独立をめざす民族主義的な立場で、ヨーロ

▼**第二インターナショナル**　一八六四年にロンドンでヨーロッパの社会主義を集めて結成された国際労働者協会(第一インターナショナル)が一八七二年の内部対立によって解散したのち、八九年にヨーロッパ・アメリカの一九カ国の労働者代表によってパリで結成される。国家の枠を超えて連帯し、社会主義の実現をめざすが、植民地問題をめぐって各国の意見が対立。第一次世界大戦の勃発にさいしてナショナリズムの声が高まり、統一的な国際組織としての活動が維持できなくなった。

●—十九世紀末のヨーロッパ

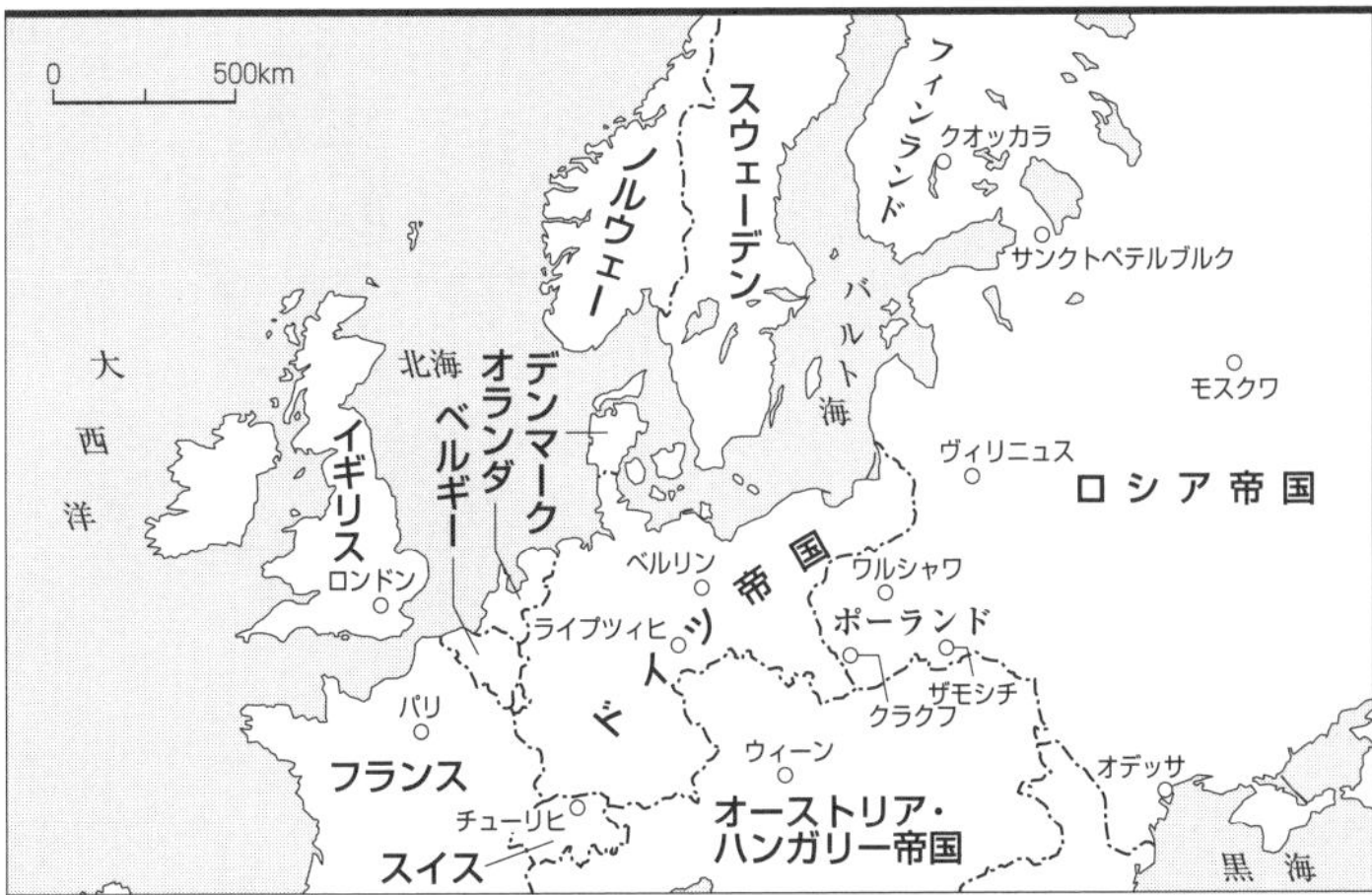

●—チューリヒにおける第二インターナショナルの大会　左から三人目がクラーラ・ツェトキン、その隣はエンゲルス。

ローザ（一八九三年、二二歳）

ッパで名前の知られた古くからの活動家がいた。これに対してローザは徹底して国際主義の立場に立ち、ロシア・オーストリア・ドイツに三分割された地域はそれぞれの支配国の市場経済に組み込まれているため地域によって要求も利害も異なり、ポーランド独立という目的は時代錯誤的だと批判した。彼女は、ポーランドのプロレタリアートはそれぞれの支配国の労働者と連帯して資本主義打倒のために戦うべきだと主張したのである。これら二つの潮流は、第二インターナショナルで対立し、結局ローザたちは代表権を認められなかった。しかし、大会の席上、椅子の上に飛び上がって堂々と自己主張を展開し、臆することなく対立相手を批判する彼女の演説は、多くの参加者を魅了し、まったく無名だったローザという人物を社会主義運動の指導者のあいだに知らしめる契機となったのである。

ポーランド社会党指導部との対立と彼らからの攻撃によって、党内部にとどまって反対派をつくることは不可能だと判断したローザやヨギヘスら国際主義派は、一八九三年末にポーランド王国社会民主党を結成し、機関紙『スプラヴァ・ロボトニチャ』を中心に自らの主張を流布しようとした。この機関紙は、ポーランドへも秘密裏に持ち込まれた。翌年からローザは、機関紙の編集・発行と博士論文の史料収集のため、しばしば、そしてときには長期間パリに滞在した。パリ滞在中、彼女はヨギヘスに毎日のように手紙を書いている。内容の中心は『スプラヴァ・ロボトニチャ』紙の発行の件で、経過報告をして彼に助言や指示を求め、編集に関する愚痴もこぼしていた。また機関紙の経費のほかに、生活費についてもときに彼に無心していた。ヨギヘスはローザほどドイツ語ができず、書くのも苦手だったが、アイデアに優れた知性溢れる人間で、ローザの思考過程にも大きな影響を与えていた。二人が協力しあいながらおこなっていた政治活動では、陰謀に優れたヨギヘスが組織面を、ローザが理論面を担当していたが、この時期にはまだローザは知的にも彼をおおいに頼りにしていたし、ヨギヘスの方でも自分の優位性を感じるところがあったようだ。

手紙の文面には、ローザのヨギヘスに対するほとばしる想いが溢れている。政治的実践において妥協せずに自分の主張を貫徹した彼女は、恋愛でも一途で、相手と心底率直になれる深い感情的な絆を求め、それによって心が満たされることを望んでいた。二人は、正式な結婚こそしていないが、しばしば、あなたの妻、私の夫という呼称を用い、手紙では冒頭の部分だけではなく文中でも、私の大事な人、最愛の人と呼びかけ、ひとりぼっちで寂しい、どんなにあなたを必要としているか、あなたが傍にいてくれるなら、いつ会えるのか、会いたい、会いたいと、情熱を吐露していた。彼女自身は、日常生活上のことや心情なども記しているが、ヨギヘスの手紙は仕事のことばかりだった。彼女は、彼個人の生活について書かれていないことに不満を募らせ、自分の気持ちに想いを馳せずに運動に関心を示す彼に苛立ちを感じていた。クラーラ・ツェトキンはヨギヘスのことを、自分より優れた女性が傍にいても気にならない性格、とあらわしていたが、にもかかわらずローザが有名になっていくにつれて、二人のあいだに溝ができていく。それでも彼女は、あなたと暮らすか、別れて公的な場での活躍を優先するか、二者択一なら前者を選ぶ、とヨギヘスに告げている。実際、彼女は近くにいて彼女の心の支えとなってくれる人物を必要とし、仕事での成果と感情面での満足の両方を追い求め続けたのである。

▼『**ノイエ・ツァイト**(新時代)』 一八八三年にカウツキーによってマルクス主義の啓蒙と普及を目的にシュトゥットガルトで創刊された社会民主党の理論的機関誌。晩年のエンゲルスも多くの論文を寄稿。一九一七年の編集者交代によってマルクス主義の性格が失われ、二三年に経済的理由で発行停止。

▼カール・カウツキー（一八五四〜一九三八）　オーストリア帝国のプラハ生まれ。父は背景画家、母は女優で作家。ウィーン大学で哲学、歴史学、国民経済を学ぶ。在学中にオーストリア社会民主党に入党。卒業後のチューリヒ滞在中にベルンシュタイン（二九頁参照）と交流してマルクス主義に取り組むようになり、一八八二年にロンドンを訪問して、マルクスやエンゲルスと意見交換。ドイツ社会民主党のマルクス主義理論の権威で、党内では中央派を形成。一九一六年に党の戦争政策を批判して離党し、独立社会民主党を形成。二二年に社会民主党に復帰するが、義勇軍による革命派弾圧に反対したため国会議員団を除名される。ウィーンに帰郷するが、ナチに追われてアムステルダムへ亡命し、そこで没する。

国際的な注目と博士論文の完成

ローザは一八九五年春にチューリヒに戻った。そのため『スプラヴァ・ロボトニチャ』の発行が行き詰まるようになり、翌年の七月にはポーランド警察の取り締まりの強化によって発行停止に追い込まれた。この頃彼女は、民族革命より社会主義革命を、というポーランド王国社会民主党の国際主義的な主張を、ポーランドに限定せずにヨーロッパ世界で問題にして浸透させ、第二インターナショナルでの影響力を確保しようと目論(もくろ)んでいた。

そのためローザは、一八九六年三月にドイツ・社会民主党の理論機関誌『ノイエ・ツァイト（新時代）』▲の編集者であるカール・カウツキー▲に論文と手紙を送って掲載を依頼したのを手始めにして、マルクス主義の中心舞台での執筆と議論の場を求めるようになった。これは、同年七月に開催予定の第二インターナショナル・ロンドン大会で予想されるポーランド社会党との決議案をめぐる対立に対する布石でもあった。大会向けにポーランド独立の必要性を主張する決議案を準備していたポーランド社会党は、ローザの反論を封じ込めるために、ポーランド王国社会民主党関係者への卑劣な個人攻撃まで駆使して、自らの優位を貫こうとした。しかし、『ノイエ・ツァイト』などに掲載されていたローザの論文は、その主張においても、緻密な論理構成に関しても注目を集め、著名で影響力の大きい社会主義者たちのあいだでも一定の支持者を獲得していたのである。

予想通りローザは、インターナショナル大会でポーランド社会党の決議案に対する反対動議を提出した。議論は紛糾したが、結局、妥協案として、ポーランドの独立を直接的には承認しないが、かわりに民族自決権は認めるという一般的な決議が採択された。両者の主張に配慮したものだったが、彼女はこの決定を承服しなかった。この決議を翻そうと、彼女は大会終了後も『ノイエ・ツァイト』などで論争を続けた。ポーランド・ブルジョアジーは広大なロシア市場に依拠しているため彼らにとって独立は眼中に入らず、資本主義の発展はポーランド独立を不可能にする。それなのに独立を要求することは、労働者を資本家に対する闘いから目をそむけさせることになる、というのである。大胆不敵な自尊心の強さゆえもともと評判の芳しくなかったローザは、大会中やそれ以降の論争の過程でより多くの敵をつくり、「喧嘩好きのうるさいヒステリー女」などと中傷されたが、こうした攻撃にひるむことはなく、周囲の人たちも躊躇するほどの強引さで、頑固に、そして全力を尽くして闘った。

論争の過程で精緻化されたローザの見解は博士論文「ポーランドの産業的発展」として結実し、彼女は一八九七年春に卓越という最高の成績でチューリヒ大学から博士号の学位を授与された。膨大な資料の提示・分析によって、ポーランドの産業的発展とポーランドでのロシアの経済政策を初めて世に示した。この論文は、当時としては珍しく本▲として出版されている。その内容は、彼女が政治の舞台で主張し続けているポーランド独立のユートピア性を、ポーランドとロシアの資本主義の一体的発展を明らかにすることによって、経済的に証明したものであった。この博士論文は、ポーランド問題だけではなく、その後の彼女の思想、とりわけ民族問題や世界資本主義論の土台となっている。

ドイツへの移住

ローザの名前と評価がヨーロッパ社会主義者のあいだに浸透するにつれて、彼女はポーランドという狭い枠組みを超えて、国際労働運動のなかで、特にそ

▼**『ポーランドの産業的発展』**
一八九八年にライプツィヒで刊行。

リューベックとの偽装結婚

▼ドイツ社会民主党　全ドイツ労働者協会(ラサール派)と社会民主労働者党(アイゼナハ派)が一八七五年のゴータ大会において合同してドイツ社会主義労働者党を設立し、一八九〇年にドイツ社会民主党に改名。一八九一年にマルクス主義的なエルフルト綱領を制定し、第二インターナショナルの中心となる。一九一四年の分裂まで、党には改良主義的な右派、中央派、急進左派の三つの潮流が存在した。

▼シュレージエン　英語名シレジア。現在のポーランド南西部、チェコの北東部にあたる地域。鉱山資源と肥沃な土地に恵まれる。十六世紀からハプスブルク領だったが、台頭してきたプロイセンがマリア・テレ

の中心地であるドイツで活動したい、と切望するようになった。その手段として、チューリヒのドイツ人亡命者の知り合いから居住許可を取るための偽装結婚を勧められた彼女は、彼女に恩義を感じていた友人夫婦の息子グスターフ・リューベックと一八九八年四月に夫婦の誓いを立てた。当時の家族法では、ドイツ人男性と結婚した女性はドイツ国籍を取得することができたのである。二人は婚姻登録を済ませると、すぐに別れたが、正式に離婚できるまで五年の歳月を要している。

一八九八年五月に彼女はヨギヘスの反対を押し切って、一人ベルリンにやってきた。大きな公園があり緑豊かなティアガルテン地区に住居を定めたローザは、早速、ドイツ社会民主党▲幹部と連絡を取った。以前は、ポーランド王国社会民主党といういわば身内の範囲内で指導者として活動していた彼女だったが、いまや数多くの労働運動の長老が存在するドイツ社会民主党という巨大組織であらたなスタートを切らなければならない。活躍の場と評価を獲得しようと、彼女は翌月半ばにおこなわれる帝国議会選挙応援のためにシュレージエン▲に出向くことを申し出、三週間あまり当地を遊説してまわった。大衆を前にしての

演説はローザにとって初めてのことだったが、聴衆に展望を与える内容を説得力豊かに情熱的に語る彼女は、人びとから歓迎され、講演旅行は大成功を収めた。ポーランドの農村や当地の人びととの触れあいは、彼女を蘇らせ、幸福感に浸らせた。その旅行中の汽車のなかで『ライプツィヒ人民新聞』▲の編集長のシェーンランク▲と知り合い、彼の新聞への協力を依頼され、その後も頻繁に文通して密な繋がりを持つようになった。ベルリンに帰った彼女は、社会民主党党首のベーベルやジンガーとも知り合い、『ライプツィヒ人民新聞』や『ザクセン労働者新聞』▲から論文依頼を受けた。執筆によって、生活の糧を稼げる目途もたった。まだ心を許せる友もなく、孤独な生活の日々だったが、ヨギヘスとの手紙のやりとりを支えにローザは執筆に勤しんだ。

ジアのハプスブルク相続を認めるかわりに割譲を要求。オーストリア継承戦争と七年戦争によって一七六三年にプロイセンの領有が確定。第二次世界大戦後にようやくポーランド領になる。

▼**『ライプツィヒ人民新聞』**　一八九四年に創刊される。シェーンランク編集長のもとで、社会民主党で最も重要な新聞の一つになる。彼の死後、一九〇二年にローザ・ルクセンブルクが三カ月だけ編集長を務めた。

▼**ブルーノー・シェーンランク**（一八五九～一九〇一）　ジャーナリストとして社会民主党の活動に参加。『前進』の編集長代理を務めた時期もあったが、編集長のヴィルヘルム・リープクネヒトと対立して解任される。一八九四年から死ぬまで『ライプツィヒ人民新聞』の編集長を務める。一八九三年から一九〇一年まで帝国議会議員。

▼**『ザクセン労働者新聞』**　ドレスデンで発行されていた社会民主党の最も重要な日刊紙の一つ。一八九八年八月にローザが主筆となる。

●―アウグスト・ベーベル（一八四〇～一九一三）　ケルン近郊の生まれ。旋盤工となり、自由主義的な組合活動に従事。その後、マルクス主義者となって第一インターナショナルに参加。一八六九年にのちに合同して社会民主党になる「社会民主労働者党」（アイゼナハ派）を設立。エルフルト綱領の作成に関与し、中央派を形成して死亡するまで帝国議会議員、社会民主党党首。女性問題にも理解を示し、七九年に『女性と社会主義』を執筆。

●―パウル・ジンガー（一八四四～一九一一）ベルリンでユダヤ人実業家の九番目の息子として生まれ、実業学校卒業後、商人となり、兄と設立した衣服工場主として資産家になる。早くから労働運動を開始し、ベーベルらと知り合い、社会民主労働者党に入党。社会主義運動に資金提供。一八八四年から帝国議会議員、改名後の社会民主党でベーベルとともに党首に選出される。九〇年から一九〇九年まで党大会議長。修正主義論争ではベルンシュタインに反対するが、党からの除名には反対。

●―ローザとベーベル

②—社会民主党の左派理論家として

修正主義論争

一八九一年のドイツ社会民主党のエルフルト綱領▲は、資本主義社会の矛盾の増加による階級闘争の激化の不可避性と、それを基盤としたプロレタリアートによる政治権力の奪取と社会主義体制の実現というマルクス主義的な政治原則を採択していた。他方で党は、政治革命達成のための勢力基盤の拡大のために、実践面では時代変化に対応した体制内改革を実現する合法的闘争と労働者の生活改善要求を重視していた。党は、一八九〇年の社会主義者鎮圧法▲の廃棄と高度工業化時代の到来によって勢力基盤を著しく増大させて大衆化し、帝国議会選挙でも躍進を続けていた(二九頁表参照)。また議会内での実質的な社会改良闘争を重視する党員も増えていた。そのようななかで、イギリスの改良主義的な労働運動の影響を受けていたベルンシュタインが、一八九六年から九八年にかけて『ノイエ・ツァイト』誌上に「社会主義の諸問題」に関する一連の論文を発表し、資本主義崩壊の必然性というマルクス主義の基本原則を否定した。

▼エルフルト綱領　一八九一年のエルフルト党大会で採択された綱領で、一九二一年まで党の指針となる。ゴータ綱領のラサール主義を払拭するために制定。原則部分はカウツキーが党の任務をマルクス主義にもとづいて理論的に執筆。実践部分では政治的民主化、労働条件の改善などが唱えられる。前文で性別と血統の区別なく、すべての人の平等と義務がうたわれ、性別に関わりのない普通・平等・直接選挙権も要求された。

▼社会主義者鎮圧法　ビスマルクが社会主義の進出を恐れ、一八七八年の皇帝狙撃事件を社会主義者の仕業という口実にして鎮圧法を制定。社会主義系の組織の解散、集会・出版が禁止された。当初は二年半の時限立法だったが、その後繰り返し延長され、ビスマルクが退任する九〇年まで継続された。社会主義者を弾圧する一方で独自の社会政策が進められ、ビスマルクの政策は「アメとムチ」といわれた。

議会活動や労働組合運動などの合法的手段によって漸進的に改良を重ねていけば、労働者の生活・労働条件は向上し、権利は保障されて革命なしに社会主義への道が開ける、と主張したのである。

エルフルト綱領の原則を修正する、このベルンシュタインの主張に対して、パルヴスを先陣に、党随一のマルクス主義の権威であるカウツキーや党首のベーベルなども批判したが、ローザはその最先端に立って、党内を二分させる大論争へと発展させた。

ローザにとって最大の関心事となったのは、ベルンシュタインをいかに理論的に打破するかであった。彼女にとっては、理論と積極的に関係づけられない活動は存在せず、実践的活動の方向性は理論的必然性から導き出されるからである。遊説旅行からベルリンに戻ると、彼女はこの仕事に集中的に取り組んだ。ドイツで活動しはじめたばかりの彼女は、社会主義革命を放棄した彼の主張とその論拠を論駁する必要性を痛感すると同時に、この論争を、彼女がドイツで影響力を発揮する絶好の機会だと考えたのである。影響力の発揮といっても、それは自己目的化されたわけではなく、彼女は権威や権力には興味がなかった。

▼**アレキサンダー・パルヴス**（一八六七〜一九二四）　パルヴスは偽名。本名イスライル・ラザレヴィッチ・ゲルファンド（ヘルプハンド）。ロシアのミンスク地区（現在のベラルーシ）で生まれてオデッサ（現在のウクライナ）で育ち、早くから革命運動を経験。スイスのバーゼル大学で国民経済の博士号を取得。一八九一年にドイツに来て、社会民主党系の新聞に寄稿。九六年から『ライプツィヒ人民新聞』の編集者、次に『ザクセン労働者新聞』編集長になる。パルヴス時代の経営は混乱した。ロシア、イスタンブールなどでも活動し、ドイツで没。

●—帝国議会選挙における社会民主党の得票率と獲得議席数

年	社会民主党		市民政党						保守政党				小政党
			中央党		自由主義左派		国民自由党		自由保守党		保守党		
1871	2席	3%	63席	18.6%	46席	8.8%	125席	39.1%	37席	8.9%	57席	14.1%	52席
1874	9	6.8	91	27.9	49	8.6	155	29.7	33	7.2	22	6.9	38
1877	12	9.2	93	24.8	35	7.7	128	27.2	38	7.9	40	9.7	51
1878	9	7.6	94	23.1	26	6.7	99	23.1	57	13.6	59	13.0	53
1881	12	6.1	100	23.2	60	12.7	47	14.7	28	7.4	50	10.3	100
1884	24	9.7	99	22.6	67	17.6	51	17.6	28	6.9	78	15.2	50
1887	11	10.1	98	20.1	32	12.9	99	22.3	41	9.8	80	15.2	36
1890	35	19.8	106	18.6	66	16.0	42	16.3	20	6.7	73	12.4	55
1893	44	23.3	96	19.1	24	8.7	53	13.0	28	5.7	72	13.5	80
1898	56	27.2	102	18.8	29	7.2	46	12.5	23	4.4	56	11.1	85
1903	81	31.7	100	19.8	21	5.7	51	13.9	21	3.5	54	10.0	69
1907	43	28.9	105	19.4	28	6.5	54	14.5	24	4.2	60	9.4	83
1912	110	34.8	91	16.1	42	12.3	45	13.6	14	3.0	43	9.2	52

●—エドゥアート・ベルンシュタイン（一八五〇〜一九三二）　父はユダヤ人の機関士。社会民主労働者党、社会民主党に参加。チューリヒで『社会民主主義者』の編集に参加し、追放されてロンドンへ。晩年のエンゲルスと親しい。一九〇一年にドイツに帰国後、帝国議会議員となる。大戦中に社会民主党の戦争政策に反対し、一九一七年、独立社会民主党の設立に参加。

重要なのは、党大会での発言権など、自分が正しく重要だとみなす思想を普及しうる立場を獲得することだった。彼女は、一八九八年十月はじめに開催されるシュトゥットガルト党大会の前に、しかも他の人に先んじて体系的な反論を発表しなければならない、という思いに駆られていた。

ローザの最大の目的は、資本主義の内部矛盾の増大と階級対立の激化、それによる社会主義革命の歴史的必然性を説いたマルクスの科学的社会主義論を守り、それにあらたな根拠を与えることであった。恐慌の消滅、労働者の窮乏化の可能性の低下、労働者の経済的・政治的地位の向上によって資本主義の全般的崩壊が困難になっていると主張するベルンシュタインに対し、ローザは恐慌が起きないのは世界市場が今なお発展途上にあるからであり、世界市場の完成によって拡大の余地がなくなると、生産力の上昇と市場の限界との衝突が起こり、資本主義経済の無政府性が増大して資本主義は崩壊する、との結論を対置した。この資本主義の発展段階の画期は、その後の著作で展開される帝国主義論へと繋がっていくものであった。ローザは、資本論の論理を継承しながら、それをマルクスの時代にはまだ顕現していなかった、あらたな段階への展望と繋げて論理化したのである。

もう一つ彼女にとって重要だったのは、政治的権力の獲得による社会主義革命の実現という究極目標を持つことであった。それこそが、運動の魂だったのだ。ただし、彼女は改良闘争を否定しているわけではなかった。資本主義国家内部での生活状態の改善、労働者保護立法や民主的権利の拡大をめざす戦いは、労働者階級を教育し、組織し、革命に向けて準備させる手段だと考えていた。革命という最終目標なしには、改良闘争は社会主義的な性格は持たず、改良が自己目的化されることを批判したのである。

このベルンシュタイン批判は九月二十一日から二十八日にかけて『ライプツィヒ人民新聞』紙上に掲載された。それが、一八九九年に出版された『社会改良か革命か？』の第一部となる。ローザは、初めて出席したシュトゥットガルト党大会で二度演説した。ベルンシュタインはイギリスにいて党大会には欠席していたが、代わりにドイツでの彼の支持者を標的にして改良主義を批判したのである。その演説では、内容はもちろん、信念に満ち大胆かつ風刺をまじえて辛辣に語る彼女の態度が反対派の一層の憤りをかい、激しい非難の渦にさらされた。このときに限らず、組織の論理とは無縁で、妥協を排して自分の主張を論理的に堂々と展開するローザは、新参者で、若く、外国人で女性であるがゆえに、長年、党や労働組合のために貢献してきたと自負する人たちにとっては余計に目の上のたんこぶとなり、相手にされないこともあった。ローザの心中は複雑だったが、彼女はこうした対応を、彼らに自分とまともに議論できる能力がない証拠だと片付けて、前進し続けたのである。

九月末にローザは、『ザクセン労働者新聞』の編集長であるパルヴスと副編集長のマルフレフスキ▲がザクセン邦政府によって追放されたため、彼らの依頼で新聞の編集を担当することになった。この新聞で彼女は、修正主義への攻撃を継続するとともに、ベルンシュタインに批判的ではあるが、態度のはっきりしない社会民主党執行部に明確な立場をとらせようと、党の中央機関紙の『前進▲』に対しても論争を挑んだ。しかし、そんな彼女の行動は彼女が批判した権威ある帝国議会議員の怒りを招いた。二人の争いはエスカレートしたが、パルヴス時代から分裂していた編集部は、彼女を支持しなかった。それを受けて、十一月はじめに彼女は辞職を申し出る。それだけではなく、彼女は新聞への続

▼**ユリアン・マルフレフスキ**（一八六六〜一九二五）　ポーランドの社会主義者。父親はポーランド人、母親はドイツ系。チューリヒに亡命し、ローザやヨギヘスと知り合う。『スプラヴァ・ロボトニチャ』の発刊、ポーランド王国・リトヴァ社会民主党の結成に参加。一八九六年にドイツに移住し、社会民主党で機関紙の発刊に従事。一九〇五年にロシアに行き、〇八年にベルリンに戻り、一六年にスパルタクス団の結成に加わる。逮捕され、モスクワ滞在ののち、ドイツに戻り、ドイツ共産党員となる。

▼**『前進』**　ドイツ社会主義労働者党（のちに社会民主党に改称）の中央機関紙として一八七六年に創刊される。社会主義者鎮圧法によって発行が禁止され、七九年にチューリヒで『社会民主主義者』のタイトルで非合法に発行される。鎮圧法が廃棄された九一年にベルリンで再創刊され、日刊紙となる。

ローザ（一九〇〇年、二九歳）

制権を持つ党機関からも妨害を受け、攻撃に対して反論することさえできなかった。妥協なく突き進んできたローザは、深い挫折感を味わいながらベルリンに戻ってきた。

ちなみに彼女は、彼女の才能と思想の最大の理解者シェーンランクが一九〇一年十月に死んだあと、彼の意向を受けて『ライプツィヒ人民新聞』の共同編集者となった。ここでも彼女は自分の意志や方針を貫こうとしたため、ほかの編集者から受け入れられず、数カ月でこの地位を去ることになる。

ローザの黄金時代

ベルリンに戻ったローザは、次々に舞い込む執筆依頼を精力的にこなした。彼女の書くものは、ほかの新聞に転載されるなど評判を呼んでいた。ベルンシュタインは九九年初頭に彼女の恐慌論などを批判しながら『社会主義の諸前提と社会民主党の任務』を上梓したが、出版を待たずに、社会民主党左派の新進気鋭の理論家であるローザがこれにどう反論するのかへの期待が高まっていた。彼女が心血を注いで絶対の自信を持って短期間で書き上げた書評論文は大きな

▼**フランツ・メーリング**(一八四四〜一九一九)　プロイセン王国ポメルン(現在のポーランド)で軍人の息子として生まれ、ライプツィヒ大学とベルリン大学で言語学、新聞学、史学を学ぶ。新聞記者として議会記事を書くなかで労働運動に接近。一八九一年に社会民主党に入党し、『ノイエ・ツァイト』『ライプツィヒ人民新聞』の編集を担当。修正主義に反対。第一次世界大戦前には思想的にローザに接近。戦時予算に反対し、一九一六年のスパルタクス団結成に参加。同年八月から十二月まで拘禁される。一八年の共産党の創設に参加し、ローザらの虐殺を悲観しながら、その二週間後に死亡。

反響を呼び、ベーベルら党の重鎮をはじめ絶賛の声が相次いだ。ただちに前年九月に掲載済みの論文と合わせて、『社会改良か革命か?』のタイトルでパンフレットとして出版された。修正主義批判に関しては、前年の党大会のときにはローザの主張に賛同しつつも、自らの関与には躊躇していたカウツキーなども批判論文を書くようになったが、ローザ論文ほどの注目を集めることはなかった。党執行部は、エルフルト綱領は守りたかったが、党の分裂は回避したかったので、抽象的な議論しかできなかったのである。ローザ自身も、ヨギヘスへの手紙でカウツキーの論文を「弱い」と批判していた。そのため十月に開催されたハノーファー党大会で彼女は、執行部案より尖鋭な決議案を提出した。続くリューベック(一九〇一年)党大会でも修正主義は断罪され、ドレスデン(一九〇三年)の党大会では否認が票決された。一九〇四年の第二インターナショナル・アムステルダム大会も修正主義を否決し、この論争にようやく決着がついた。社会民主党左派の理論家として名声を獲得した彼女は、党の内外から注目される人物となるとともに、党執行部からも頼りにされる存在となったのである。

修正主義論争は、ローザと党内実力者との人的な繋がりという点でも実りをもたらした。もともと政治的立場が近かったカウツキーとは、一八九九年八月に引っ越した住居が彼の家の近くだったこともあり、頻繁に訪ねるうちに個人的な親交へと発展した。特に妻のルイーゼは、彼女が心を許せる数少ない友の一人となった。カウツキー家で個人的に会うこともあったベーベルは、彼女に対する初期の警戒感を緩め、政治的なよき同盟者となった。マルクス主義者のメーリング▲は意気盛んな彼女を気に入り、彼女が彼のもめごとの仲介をすることもあった。ポーランド独立を支持していたヴィルヘルム・リープクネヒト▲は、マルクスに忠実だとわかって彼女と和解し、党の中央機関紙として物足りないと彼女が噛みついていた『前進』の編集部ポストに彼女を推薦▲すらしたのである。とはいえ、党全体としてみれば、ローザについて、何かにつけて吠えたてるヒステリックな女と悪口をいう党員の方がずっと多かった。

修正主義論争の頃、社会民主党は岐路にあった。党の公式見解では修正主義が否認されたが、実際には、労働組合はもとより、党のメディアにも議員のなかにも、改良主義が浸透していた。だからこそ、この頃、自らの論理と立場に

▼ヴィルヘルム・リープクネヒト（一八二六〜一九〇〇）　ヘッセン大公国ギーセンで官吏の息子として生まれる。ギーセン大学とベルリン大学で言語学や哲学を学ぶが、社会主義の宣伝に加わったとして追放される。一八四八年革命時には急進民主主義者としてバーデン蜂起に参加し、逮捕される。スイスに亡命してジュネーブでドイツ労働者教育協会を組織するが、五〇年の大会で逮捕され、国外追放となる。ロンドンでマルクスやエンゲルスと交流し、六二年に帰国して活動を続ける。アイゼナハ派の設立に参加。七四年から帝国議会議員を務め、九〇年からベルリンに住んで『前進』の主筆となる。

▼推薦　一八九九年に『前進』の編集ポストが空席になり、ローザが推薦されて立候補する。しかし、彼女の任命によって混乱が起こることを危惧したベーベルがローザに辞退するよう働きかけ、彼女は立候補を取り下げた。

●—**ルイーゼ・カウツキー**（一八六四〜一九四四）　市民層のユダヤ人家庭出身。社会主義作家ミナ・カウツキーと知り合い、その兄のカールと一八九〇年に結婚。夫の秘書と翻訳をしていたが、ローザの勧めで自らもジャーナリズムに関わる。マルクスやエンゲルスを英語からドイツ語に翻訳。一九一八年の女性参政権獲得後、ベルリン市議会議員となる。二四年に夫とともにオーストリアに行くが、三八年のナチによる併合によってオランダへ亡命。四四年にアウシュヴィッツに移送され、死亡。ローザの死の数年後に、彼女の追悼本や書簡集を発行。写真はローザとルイーゼ。

●—**ローザが描いたカウツキーの息子カールのスケッチと一五歳のカール**

●—ローザがワルシャワからカウツキー夫妻に送った絵はがき

●—ローザ（一九〇〇年）　仮装パーティーで着物を着ているところ。

自信を深めていたローザは、中央機関紙の『前進』にも嚙みつきながら、改良主義に対抗するために党の方針を日和見主義批判へと向けようと奮闘したのである。

ロシア・ポーランド

ドイツに来て以来、社会民主党内でのあらたな活動に心血を注いでいたローザは、ロシア問題はおろか、ポーランド問題にもほとんどタッチしていなかった。しかし、一九〇〇年八月にヨギヘスがベルリンの彼女のもとに来ると、状況は変わった。一九〇〇年から彼女はドイツ社会民主党の後ろ盾をえながらも、ドイツ向けの活動と厳格に区別して、公式の指導者としては表に出ないかたちでポーランド問題について活動した。その主な理由は、ドイツ社会民主党内で、ポーランド問題専門家の役割に追いやられることを望まなかったからである。彼女は国際プロレタリアートの活動舞台の最高峰たるドイツで影響力を発揮することを望み、その権威を借りながら彼女にとって重要なポーランド問題に取り組んで自らの主張を貫徹しようとしたのである。

▼**ロシア社会民主労働党**　マルクス主義者の全国的な政治団体の設立をめざし、一八九八年に設立されるが、実質的な創党にはいたらなかった。機関紙『イスクラ』を創刊したレーニンらのグループが中心となって、一九〇三年の第二回党大会で実質的に党が結成された。その席上で党組織のあり方をめぐってボルシェヴィキとメンシェヴィキに分裂した。

彼女の拠点は、主たる面々がポーランド国外で活動するポーランド王国・リトアニア社会民主党だった。この党は、リトアニア社会民主党とポーランド王国社会民主党を統一して一九〇〇年に結成されたものである。彼女の第一の敵は、民族主義を掲げるポーランド社会党である。それゆえ彼女は、ドイツおよびインターナショナルでポーランド社会党の影響力を瓦解させ、彼らを反ロシアの姿勢に追い込んで孤立させようとした。ローザの目的は当初から変わらず、民族主義的なポーランド再興ではなく階級闘争の推進であり、そのためにはドイツやロシアの社会主義運動との連帯が不可欠だった。そこで問題になったのが、自党とロシアとの関係である。ローザは自党とロシア社会民主労働党▲との合同に賛成だったが、それには条件があった。組織的にはロシア側に吸収合併されるのではなく、両者の連合体を望み、そして何よりもロシア側の掲げる民族自決を党綱領から外すことであった。民族問題は、ロシアとポーランド社会党との違いを明確にさせるためにも絶対に譲れない条件だったのである。両者の交渉は、〇三年八月にブリュッセルで開催されたロシア社会民主労働党の第二回大会でおこなわれた。ローザはその場に不在だったが、それでも交渉の指

一九一〇年頃のポーランドとその周辺

針を定め、また背後から詳細な指示を送って自らの主張を貫徹させようとした。当然のことながら、ロシアの綱領に記載された民族自決は揺るがず、交渉は決裂した。

それでもポーランド王国・リトアニア社会民主党内でのローザの地位は揺るがなかった。彼女は、党を具現する存在だったのである。ロシアの党への加入を模索していたローザは、翌年の一九〇四年には、メンシェヴィキもボルシェヴィキもドイツの見解を自らの側に引き寄せようとしたので、ドイツの人間として立ちあらわれ、仲裁者を演じてみせた。妥協を知らないローザにとって重要なのは、自らの見解を貫徹することと、それができる影響力を保持することだった。そのためには、策士のヨギヘスと相談しながら、詭弁を弄することも辞さなかったのである。

第一次ロシア革命

日露戦争さなかの一九〇五年一月二十二日、政治的自由と生活苦の改善要求を掲げたサンクトペテルブルクでのロシア労働者の請願行動に対して、軍が発砲した。この「血の日曜日事件」を契機に、ロシアには政治的大衆ストライキの巨大な波が押し寄せた。ローザの故郷であるロシア領ポーランドでも、彼女がかねてより主張していたような両国のプロレタリアートの連帯によるツァーリズム▲打倒の闘争が巻き起こった。誰もが予測しなかった、この革命の噴火に胸を躍らせたローザは、体調を壊していたにもかかわらず、ドイツ向けとロシア領ポーランド向けの二つの活動を分けて、この革命の炎を正しい軌道に導こうと、ただちに全精力を傾けた。

ドイツでは、プロレタリアートに対しロシアの革命的事態の意味を理解させることが重要だった。ロシア革命の波及効果でドイツでも労働者の活動意欲が高まり、ルール地方の炭鉱労働者を中心にストライキが頻発した。左右の対立する社会民主党内では左派が優位に立ち、ロシア革命について語れる代表的人物として、いたるところでローザの演説が求められた。大衆の圧力で、以前は不可能だった右派の牙城の労働組合の集会にさえ登壇したのである。彼女はロシアの経験のなかから、特に革命へのステップとなりうる政治的大衆ストライキの有効性に自信を深めた。労働組合幹部たちは、プロイセンの選挙問題▲など

▼ツァーリズム　帝政ロシアの専制支配体制。皇帝が絶対的な権力を持ち、貴族を中心とした官僚と国家機関化した教会に支えられる。十六世紀にはじまり、一八六一年の農奴解放や一九〇五年のロシア革命によってその基盤が揺らぎ、一九一七年のロシア革命によって最終的に崩壊。

▼プロイセン選挙問題　一八四九年、プロイセンの邦議会(下院)のために制定された選挙法。各自治体で全有権者をその納税額が等しくなるよう三等級に分け、各等級からそれぞれ同数の議員を選出。圧倒的多数を占める下級納税者には極めて不利で、社会民主党はほとんど進出できず、有産者の支援する保守・市民政党に有利な選挙法であった。

政治的目的で労働者がストライキをおこなうことに恐怖を覚え、一九〇五年五月開催の労働組合大会で大衆ストライキ禁止を決議し、その煽動者とみなしたローザを激しく非難した。それでも同年秋にイェーナで開催された社会民主党大会では、彼女が熱心に主張した大衆ストライキが議題となり、ドイツの労働者の公認の武器となるという結論が出た。ローザの勝利である。とはいえ、この決議には、「ある条件のもとでは」という制約がついており、大衆ストライキは労働者の権利が攻撃されたさいに行使される防衛的なものだと考えられた。彼女のように大衆ストライキを積極的な攻撃の手段、革命の武器としてとらえる党幹部は、ほとんどいなかったのである。当初は楽観的だったローザも、ロシア革命の経験から学ぼうとしないベーベルをはじめとする同志に強い不満を抱きながら、労働者、組織、革命の関連について発言し続けた。

それでも、革命の空気は確実に党をとらえていた。修正主義者の敗北を決定的にするために、『前進』の編集部に急進派が送り込まれることになり、ベーベルの要請でローザが加わった。彼女は党の中央機関紙で意見が述べられることを喜ぶ一方、紙面にどれだけ自分の影響がおよぶのかに懐疑的でもあった。

やはり、紙面内容は彼女の思いとはかけ離れ、ヨギヘスに「編集者たちは怠惰な去勢牛にすぎない」と書き送っている。彼女は実質的なロシア担当となり、毎日のようにロシア革命についての経緯と論評を公表し続けた。特に革命が頂点に達した十一月のゼネストから十二月のモスクワ蜂起の時期には、政府当局の監視を受けながら、熱い炎を燃やした文章を書き続けたのである。

ポーランドでは、ローザがかねてから主張していたように、ロシアの労働者に呼応したストライキが巻き起こっていた。彼女は、ポーランド向けには、当地のプロレタリアートに革命への展望を与え、次の目標を明らかにすることとすることが自分の任務だと考え、四月と五月に『革命の時。次は何か?』というポーランド語のパンフレットを発行して、あるべき闘争の方向性を説いていた。最初のパンフレットでは、彼女は武装闘争を主張するポーランド社会党を批判し、革命の成否を決するプロレタリアートの広範な大衆こそが革命の中心になるべきだと主張した。ポーランドでは一九〇五年一月の政治的なストライキの後、経済的なストライキが分散的に起こっていた。第二のパンフレットでは、革命的エネルギーを資本との小競り合いで消耗させないために、このストライキを打ち切るべきなのか、という問いについて論じた。ポーランド社会党は、経済ストライキは革命を賃上げ運動に堕落させるものだと非難していたが、ローザの答えは違った。ストライキに反対するのではなく、それを革命への潮流のなかに導き入れることこそ肝要だった。彼女は、この革命は政治的自由や議会制度の確立というブルジョア革命的要素を持つが、労働者が革命のヘゲモニーを握ることで、プロレタリア的なものへの展開が可能になると考えたのである。彼女にとって重要だったのは、経済闘争を契機として闘争参加者を拡大させ、それを政治闘争へと発展させることだった。また農村や軍隊での煽動を重視し、農民や労働者である彼らに階級闘争の重要性を理解させて革命基盤を広げ、軍隊の動揺を誘ってその力や規律を掘り崩そうとしたのである。

革命の渦のなかへ

ヨギヘスは、二月にすでに偽名でクラクフに入り、組織化の才能を遺憾なく発揮していた。彼は革命仲間たちを自分の側に集め、ポーランド王国・リトアニア社会民主党は今や対立し続けてきたポーランド社会党を凌駕し、先頭に立って闘争を牽引するようになった。ローザの卓越した思想が、その支えとなったのである。ロシア領ポーランド地域は、ロシア全土で最も工業が発達した地域だったので、革命闘争も強力で、事態も緊迫していた。そんな情勢に駆り立てられていても立ってもいられなくなったローザは、現場で直接指導しようと、一九〇五年の暮れ、党指導部には一言も告げずに突如ヨギヘスのいるワルシャワへと旅立った。この間に二人の関係には溝ができていて、彼からあまり情報がえられないことに危機感を深めた彼女が、二人の関係修復を望んだことも、ポーランド行きの大きな理由だった。

その道中は、困難を極めた。ワルシャワへの直行列車はストライキのため走っていなかったので、大きく迂回して国境を越えようとしたが、ここでも鉄道は止まっていた。そこでワルシャワの反乱鎮圧用の武器と兵士を運ぶ軍用列車に、偽造パスポートを持ったローザが唯一の民間人として潜り込んだ。酷寒の時期なのに暖房はなく、労働者による通行妨害の危険性があるため汽車はゆっくりと進み、素性がわかることを恐れながらの旅だった。十二月二十八日にベルリンを出発したローザは、三十日にようやくワルシャワにたどり着く。

労働者のゼネストが続いていたワルシャワは、戒厳令下だった。モスクワの蜂起の敗北によってポーランドでも反動勢力が息を吹き返していた。それでも、革命勢力はまだ前進できるとの幻想が支配的ななかで、ローザは、ゼネストの役割は終わり、今こそ大衆が蜂起するべき時期と判断した。ただちに三つ目の『次は何か？』というパンフレットを書き、モスクワの教訓に学ぶこと、武装闘争のための慎重な準備を整えるとともに、最後の勝利を決定するのは、日常闘争のなかで組織化され啓蒙されたプロレタリアートの広範な大衆の戦う覚悟であることを訴えた。こうした組織を軍隊内部にもつくり、戦いのなかで軍隊を内部崩壊へと導くことも決定的に重要だった。

逮捕と獄中生活

反動勢力の復活によって警察の追及が一層激しくなり、これまで先頭に立って闘争を牽引してきたポーランド王国・リトアニア社会民主党のなかでは逮捕者が相次いだ。ローザとヨギヘスも、一九〇六年三月四日に隠れ家で逮捕された。ドイツ右派の新聞報道から、この女性がローザだと察知した警察は、彼女

ワルシャワ監房のローザ

の家族の家で彼女の写真をみつけ、身元を確認した。ヨギヘスの方は、六月まで素性を隠すことができた。

政治犯の検挙が非常に多かったため、市役所の普通なら独房のスペースに一四人で収容されたローザは、詰めこまれた鰊(にしん)のように並んで寝ていた、とカウツキー夫妻宛ての手紙に書いている。四月十一日には、危険な政治犯のための牢獄であるワルシャワ要塞の第十監房に移された。もともと芳しくなかった健康状態は、逮捕までの過労やすし詰め状態での監房生活、それに獄中生活の改善のためにおこなった六日間のハンストで、非常に悪化していた。家族が面会に来たさいには、面会室に一人で歩いて行けなかったのである。彼女は部屋の隅の暗い部分におかれていた檻のなかに入れられて、金網越しに彼らと対面した。両手で金網につかまっていなければならなかった彼女は、のちの手紙に、野獣にそっくりだと思われただろう、と書いている。

ある日、要塞の中庭に絞首台が立てられ、革命家たちが次々に処刑されていった。ローザも一度、目隠しをして外に連れだされたが、審問を受けただけですんだ。顔こそ青ざめたが、彼女はそれを恥だと考えるほど気丈だった。快活さやユーモアを忘れずに危機的状況に耐え、外部の闘争と接触を保っていた。彼女は革命を前進させるためにパンフレットや党新聞の原稿を書き続け、ひそかに外部に送っていたのである。そして、皮肉好きの彼女の本領を発揮して、抑圧者を嘲弄していた。

こうした執筆作業は、夜中に睡眠を犠牲にしておこなわれた。朝の四時から同宿者たちの発作や口喧嘩で監房は地獄の様相を呈し、集中できなかったからである。家族は、早くから彼女の釈放に向けた活動をはじめ、政府要人や外交筋、そしてドイツ社会民主党を頼ろうとしたが、こうした活動は彼女の望むところではなかった。ベーベルはあらゆる手段を講じて彼女を釈放させようとしたが、それによって従属関係に陥ることをきらった彼女は、その申し出を断わった。釈放の決定打となったのは、獄医による「貧血症、ヒステリーおよび神経衰弱の症状、胃カタルおよび肝臓肥大により、鉱水ならびに温泉療法を受ける必要がある」という診断結果だった。実際、彼女の健康状態は非常に悪化し、髪には白いものがまざるようになっていた。しかし、こうした保釈を正当化できる診断書が出たのは、彼女のポーランドの古くからの友人たちが、彼女の関知しないところで高官たちに賄賂を渡していたからである。さらに彼らは、ローザの身に何かあれば、復讐すると警察幹部を脅していた。おかげで彼女は、おそらくドイツ社会民主党が出したであろう三〇〇〇ルーブルの保釈金を課せられて、ワルシャワにとどまるという条件で六月末に釈放された。

③—社会民主党の変遷とローザの孤立

ドイツへの帰国

　ワルシャワは、もはやローザが活躍できる状況ではなかった。外国での療養が絶対に必要だという二回目の医師の診断書のおかげで、彼女は一九〇六年七月末にワルシャワを離れる許可をえた。ペテルブルクを経てフィンランドのクオッカラに行き、一月あまり滞在してレーニンやジノーヴィエフ▲などロシア人革命指導者たちと膝を交えて語り合った。ローザとレーニンのあいだには、組織論と民族自決をめぐって決定的な見解の対立があった。大衆の自立的な行動に期待するローザには、前衛党▲による革命運動の牽引というレーニンの組織論は受け入れられなかった。その根底には、両者の階級意識形成に関する違いがある。彼女によれば、階級意識は、社会民主主義と現存社会との摩擦によって生じるものであり、両者がつばぜりあいをおこなうことによって、より大きく急速になるのだった。そのさいエリートは影響力をおよぼすことができるが、レーニンのいうような階級意識の駆動力ではなかったのである。こうした対立

▼グリゴーリー・エフセエヴィチ・ジノーヴィエフ（一八八三〜一九三六）　本名ラドムイリスキー。ロシア帝国領ウクライナで農場主の息子として生まれる。少年時代から革命運動に参加。スイス亡命中にレーニンに会い、ボルシェヴィキとなる。レーニンの側近としてロシア革命に参加し、党政治局員、コミンテルン議長。スターリンと対立し、一九三六年に処刑された。

▼前衛党　レーニンは、一九〇二年の『何をなすべきか』と〇四年の党分裂後の『一歩前進、二歩後退』で、職業革命家の積極的な牽引によって、初めて労働者は階級意識を持つことができること、そのために党の諸機関を包括して中央から集権的に指導できる前衛党としての組織原則が貫徹されなければならない、と主張した。ローザは〇四年に「ロシア社会民主党の組織問題」を『イスクラ』（『ノイエ・ツァイト』も掲載）に書いて、ロシアの党の超中央集権主義を批判した。

はあったが、お互いを十分に知るようになったことで、二人のあいだに人間的共感が芽生えた。

クオッカラ滞在中、ローザの心はドイツにあった。彼女は、ロシアの経験と教訓をドイツに適用し、社会民主党を革命への水路にのせるとともに、革命への参加者を精神的に武装させることが、自分の任務だと考えたのである。彼女はすぐにでもドイツに帰りたかったが、逮捕される恐れ▲もあったため、一九〇六年九月のマンハイム党大会に合わせて帰国した。

その間にローザは、ロシア革命の教訓をドイツ労働者に伝えるために、パンフレット『大衆ストライキ、党および労働組合』を書いた。ロシア革命の体験から彼女は、革命遂行のためのプロレタリアートに固有の武器は大衆ストライキだ、と確信したのである。

この大衆ストライキは上からの指示によっておこなわれるものではなく、革命的情勢が大衆ストライキを生みだす自然発生的なものだった。行動が組織に先行するのである。それは、革命のさまざまな局面や段階によって大きな渦となったり、引き潮状態になったり、また沸き上がってきたりする可変的なもの

▼逮捕の恐れ　一九〇五年九月のイェーナ党大会での大衆ストライキに関する発言内容が「暴力行為の煽動」という理由で禁固二カ月の判決を受けていた。〇七年六月十二日から八月十二日まで入獄。

で、諸勢力の力関係を反映していた。大衆ストライキをつくりだすのはプロレタリアートである。しかしローザは、決して党の役割を軽視していたわけではない。闘争に方向性を与えたり、プロレタリアートの力が十全に発揮できるよう指導したりすることは党の重要な役割であった。また彼らに階級闘争の不可避性を認識させ、戦い抜く意志と決断をもてるよう導くことも、党がなすべき役目だったのである。

このパンフレットを携えて党大会に登場しようとしたローザは、失意のどん底に突き落とされることになる。社会民主党は変貌していた。党は議会主義への道を選択し、以前の労働組合に対する党の優位という原則は崩れて、労働組合の力が強まっていた。イェーナで採択された大衆ストライキ決議も、党と労働組合との協議によって空文化されていた。マンハイム党大会は、こうした傾向を確認する場となったのである。労働組合と党との関係を批判しながら革命路線を訴えるローザの主張は、吠え声となって、むなしく響きわたるだけだった。彼女は、ベーベルら、かつては彼女を支援してくれた同志とも袂を分かつことになる、と感じさせられたのである。他方で、下部党員や地方組織は彼女の意見に耳を傾けてくれた。彼女は以前にも増して大衆の潜在力に期待するようになった。

党学校の講師

社会民主党が一九〇六年に設立した党学校で、ローザは〇七年から国民経済学を講義した。警察の介入で外国人が教えられなくなったので、その代理を彼女が務めるようになったのである。プライドの高い彼女にとって代理は不満だったが、継続的に報酬がえられる魅力がそれを上回った。ローザはよい教師だった。理論を説明し知識を与えるという教授法ではなく、ましてや自分の見解を押しつけるのではなく、理論的な思考に不慣れな学生が自らつきつめて自律的に考え、科学的に思考できるよう、適切な題材を用いて対話を繰り返しながら導いていった。

この教育活動から、原始共産制から資本主義にいたる経済様式の成立、発展、展開、崩壊を描き、資本主義は、その矛盾のために不可避的に瓦解することを示した『経済学入門』▲が生まれた。ローザは修正主義論争の頃から一貫して国

▼『経済学入門』　ローザは、この書物を『経済学入門』のタイトルで一九〇九年から一〇年に刊行する計画を立てていた。しかし、この仕事は中断され、『資本蓄積論』のあとに再開された。ローザの生存中に出版されなかった『入門』は、パウル・レヴィ(六一頁用語解説参照)の手で『国民経済学入門』というタイトルで一九二五年に刊行された。

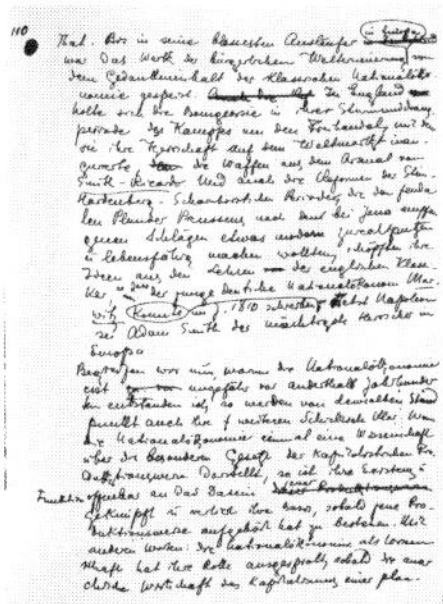

『経済学入門』の草稿

▼『資本蓄積論』　世界資本主義体制をトータルにとらえようとした最初の試みとして、一九六〇年代後半から七〇年代にかけて第三世界の理論家から高く評価された。

民経済ではなく世界経済を経済学の対象として論じ、ここでも国民経済の活動を世界経済の運動としてとらえる視点を提起している。その執筆課程で、彼女はマルクスの想定する資本家と労働者の二つの階級から構成される自足的な社会では剰余価値の実現が困難になる、つまりマルクスの拡大再生産様式の考え方では帝国主義を理論的に解明することができない、という矛盾に気づき、『経済学入門』の執筆を一時中断して『資本蓄積論』▲に取り組むことになる。ここでの彼女の主張は、資本蓄積を不断に進める可能性、つまり生産拡大のための需要は非資本主義社会に求められる、というものだった。資本主義の存立条件として、その外部が必要不可欠となるため、外部地域を征服しようとするのである。そこから必然的に帝国主義が生じ、国家間戦争を引き起こすのであった。

しかし、『資本蓄積論』は、内容の当否は別にして、ほとんど評価されず、彼女が苦労して導きだしたマルクスの図式の矛盾という問題そのものが存在しないと、厳しく批判されたのである。

▼ヴィルヘルム二世（在位一八八八〜一九一八、写真右）　ヴィルヘルム一世の孫。自由主義者の父フリードリヒ三世が在位九九日で崩御したあと、二九歳でドイツ皇帝・プロイセン王に即位。祖父を尊敬し、保守的。宰相ビスマルクを辞職させて親政を開始。海外進出に積極的だったが、ほかの帝国主義国との対立を深め、第一次世界大戦を招く。ドイツ革命時にオランダへ逃亡して退位。共和制が施行されたことにより、王室の歴史も終わる。帝政復古を願うが、ナチの政権獲得により、その可能性は消滅。

ローザの帝国主義論と反帝・反戦への闘い

ローザの帝国主義論は、彼女がベルンシュタイン論争時から『資本蓄積論』にいたるまで一貫して推進してきた、社会民主党の日和見主義的な実践阻止のための理論的営為の賜であった。修正主義論争時は列強の世界進出が強まり、ドイツもヴィルヘルム二世▲の世界政策のもと、その争いに加担していた時期であった。ローザはこの時期を、世界市場の拡大の余地がなくなっていく時期、すなわち世界市場が枯渇し、競争が先鋭化していき、国家間の権益をめぐる対立が表面化してきた時代ととらえていた。彼女が『社会改良か革命か？』の一部と二部のあいだに書いた「経済・社会政策展望」（一八九八年十二月〜九九年五月）と題する時事論文では、このような世界経済の新しい動向が世界政治と絡めて分析され、世界市場の狭隘化がすでに訪れていることが示される。同時期に書かれた「民兵と軍国主義」（一八九九年二月）では、軍事予算は雇用の増加など労働者階級に対して経済的利益をもたらすと主張する修正主義者に対し、ローザは、軍国主義が資本家階級にとってしか利益にならないことを指摘し、社会民主党に軍国主義との戦いを要求した。続く一九〇〇年一月の「世界政策の結果」で、世界政策が軍国主義の強化にいたることを指摘し、世界政策と軍国主義の内的関連を明らかにしている。

こうした認識をもとにローザは、一九〇〇年にパリで開催された第二インターナショナルの大会で、世界政策・軍国主義・植民地政策の三位一体性を明示し、国際戦争の危険性を指摘した。彼女は、この危険性によって世界の労働者階級にとって共通の政治行動のための新しい基盤がつくりだされたので、帝国主義的な反動に対してプロレタリアートは国際的な抗議行動で立ち向かわなければならない、と訴えた。世界最初の国際的な反帝国主義・反戦の訴えであり、彼女は最後の日まで、この理念を掲げて戦い続けた。さらに一九〇七年のシュトゥットガルト大会では、レーニンらと協力して、戦争勃発による経済的・政治的危機を資本主義的階級支配の崩壊のために利用する、という決議文を採択させた。

一九一一年のモロッコ危機▲に関する一連の論文▲には、彼女の帝国主義認識がみられる。軍国主義が資本主義の論理的帰結であること、資本主義発展はヨーロッパ諸国間の激しい競争を生みだす一方、ヨーロッパ諸国が経済的には非ヨ

▼モロッコ危機　一九一一年にモロッコで起きた先住民の抵抗を鎮圧するためフランスが出兵したのに対して、ドイツ軍艦が突然港湾都市アガディールに入港して対立。ドイツはモロッコ放棄の代償として仏領コンゴの譲渡を要求したが、イギリスの支持をえたフランスは、これを拒否し、開戦の危機に。結局、ドイツはコンゴの一部のみを獲得。

▼一連の論文　「平和のユートピア」(一九一一年五月)、「モロッコをめぐって」(七月)、「モロッコ」(八月)、「小ブルジョア的世界政策か、プロレタリア的世界政策か」(八月)、「われらのモロッコ問題のパンフレット」(八月)。

●—**党幹部による党学校の視察**　立っているなかで左から三番目がローザ。その右隣がベーベル、右端から二番目がメーリング。二列目左に着席しているのがのちに共産党員となり、第二次世界大戦後、東ドイツ初代大統領となるピーク。

●—**シュトゥットガルト大会のさいに演説するローザ**　隣に座っている女性はクラーラ・ツェトキン。

ーロッパ諸国なしにはなりゆかないこと、植民地政策上の冒険が世界戦争の危険性に繋がること、帝国主義は資本主義の嫡出子であること、などである。

この間に社会民主党は現状妥協的な対応を進め、植民地獲得も基本的には肯定していた。▲そのなかで、帝国主義政策に対抗する国際プロレタリアートの連帯を訴えるローザの主張は居場所を失っていった。

ヨギヘスとの別れ、ローザの愛人たち

ローザとともに逮捕されたヨギヘスは、八年間の強制労働の判決を受けてシベリアへ送られる途上の一九〇七年二月に脱走した。ワルシャワおよびクラクフで隠れて生活したあと、五月にロンドンで開催されたロシア社会民主労働党の党大会に出席し、ローザと顔を合わせている。しかし、このときには二人の夫婦関係は終わっていた。ヨギヘスは脱走後に世話になったポーランドの党の一女性と親密な関係になり、それを知ったローザは、ただちにヨギヘスとの個人的関係を絶ったのである。たった一度の過ちだったが、プライドの高いローザには彼を許すことはできなかった。ヨギヘスにとっては、ローザは彼のすべ

▼植民地獲得の肯定　結党以来、原則として植民地領有に反対してきた社会民主党内で、修正主義的な立場から植民地支配を文明化の一環として認める勢力が増えていく。植民地が選挙の争点と一つとなった一九〇七年選挙で敗北した党は、社会主義的植民地政策を掲げ、住民の暴力的支配には反対したが、植民地領有は認めるようになった。

ローザ（三六歳）

▼**コンスタンティン・ツェトキン**（一八八五～一九八〇）　パリで生まれる。ベルリン大学医学部に入学し、一時ローザの影響で政治経済学を学び、第一次世界大戦後に医学部を卒業。一九一五年三月に召集され、衛生兵になり、戦場から無事帰還。亡命ロシア人女性とシュトゥットガルトで生活し、二九年にベルリン近郊に母のための家を購入。この家は現在クラーラ・ツェトキンハウスとして一般公開されている（一一一頁参照）。ナチの政権獲得後モスクワに亡命し、パリへ行く。その後カナダにわたり、そこで死亡。

てともいえる存在であり、彼女の「夫」であること、彼女に「意見できること」が彼の支えであった。ローザは自分のものという所有意識を抱いていた彼は、ローザにあらたな恋人ができると嫉妬にかられて彼女を追い回し、「二人を殺す」と脅迫するようになった。長期間、彼に悩まされ続けた彼女は、護身用にピストルまで購入するほど、ヨギヘスに脅威を感じていたのである。

ローザの新しい恋人は、ローザの家に下宿していたクラーラの次男のコンスタンティン（コスチャ）▲で、彼は彼女を深く尊敬し、好意も抱いていた。彼女も一四歳年下の彼を息子のように可愛がっていた。ヨギヘスの裏切りに逆上したローザは、その反動で彼と親密になったのである。

熱情的なローザには、身近で心を許して語り合える人物が必要だった。しかし、二人の愛は長続きしなかった。コスチャは、ローザから離れなければ、と心が揺れ、彼女も一九〇九年八月に「別れを切り出されても非難する気は毛頭ない」と書いていたが、彼への未練を引きずっていた。二人の和解と一九一二年の再度の別れ。一四年夏には親しみをこめた手紙のやりとりを再開し、一五年まで続いていた。

その後、彼女はフランクフルトで兵士煽動罪に問われたさいに弁護士を務めたパウル・レヴィと一九一四年のはじめに激しい恋に落ちている。彼は彼女より一二歳年下で、平和主義者であり、左派社会民主党員であった。二人の愛情関係は秋まで続いた。ヨギヘスが一九一八年三月に逮捕されたあと、レヴィはスイスから戻り、彼が果たしていた非合法出版を引き受け、スパルタクス団を支えた。革命弾圧の嵐が吹きはじめたローザ最後のクリスマス・イブを、二人は友人として同志として一緒に過ごしている。

彼女の最後の心の友となったのは、長年ローザを追い求めていた一三歳年下の医師のハンス・ディーフェンバハであった。彼は学問や芸術の愛好家で、ローザとは主に文学や芸術の話をしていた。彼は彼女に従順で献身的だったが、彼女の方は彼をからかったり、きまぐれな態度で接したりしていた。一九一七年のはじめ、珍しく落ち込んだローザは、それまで何カ月も彼の手紙を無視していたのに、突然、彼に想いを馳せて筆をとった。その後、彼女は情感豊かに心情を吐露する手紙を彼に送り続けていたが、秋にはディーフェンバハが戦死してしまう。ローザにとって、その報せ（しらせ）はあまりにもむごいものであった。

▼**二人の愛情関係**　ローザは、パウルとの関係を秘密にしていた。パウルの遺族が一九八三年にローザとやりとりした手紙を公刊し、初めて明らかになった。

●—ローザとコスチャ

●—**パウル・レヴィ**（一八八三～一九三〇）　南ドイツのプロイセン領のリベラルで裕福なユダヤ人家庭出身。法学博士を取得後、一九〇九年にフランクフルトで弁護士を開業。同年社会民主党に入党し、党内左派を結成。一五年に召集され、一六年に除隊後、一時期スイスで暮らす。スパルタクス団および共産党の結成に参加。中心メンバーの死後、党首に就任し、一揆主義に反対して多くの党員を失う。共産党が初めて参加した一九二〇年ライヒ議会選挙で当選。コミンテルン批判を契機にして二一年に共産党を除名され、翌年社会民主党に合流。三〇年に自宅の屋根裏の窓から転落して落命。

●—ローザがディーフェンバハのために描いた自画像

●—**ハンス・ディーフェンバハ**（一八八四～一九一七）　医師。文学や芸術に詳しく、ローザは同じ感受性を持っていた友と手紙に書く。思想的に社会民主党に近く、二十世紀初頭からローザの友人グループに所属していた。軍医として西部戦線に送られ戦死。

プロイセン選挙法闘争とカウツキーとの決別

カウツキー夫妻は、ローザのベルリン不在中の連絡係となり、彼女のロシアからの帰国を歓迎してくれた。カールは一九〇六年のマンハイム党大会ではまだローザの大衆ストライキに関するパンフレットの発行を支持しようとしたし、『ノイエ・ツァイト』誌の編集でも協力しあっていた。一九〇九年に刊行された『権力への道』でも、ローザの見解に同意していた。しかし、そんな二人の関係は、ローザが予想すらしなかったカウツキーの政治的転向によって断ち切られることになる。

一九〇八年にプロイセンの三級選挙法▲改正が告知されたが、労働者階級の投票状況改善にはいたらないことが明らかになった一九一〇年の二月から、ベルリンとプロイセン各地でこの改革案に抗議する労働者のデモが続いた。これに呼応して鉱山労働者や建設労働者が賃金値上げ要求も掲げたストライキ闘争を闘い、政府に法案を撤回させた。ローザは、議会外の直接的大衆行動が盛り上がった、この好機をより大規模な政治闘争へ発展させようとし、実際、社会民主党の多くの組織がゼネラルストライキ要求を掲げた。党の日常生活から遠ざ

▼**プロイセン三級選挙法**　四一頁用語解説「プロイセン選挙問題」参照。

かっていた彼女は久しぶりに活力をみなぎらせ、求めに応じてドイツ各地に出かけて選挙権闘争とその闘い方について熱い演説をおこない、会場に溢れんばかりの聴衆の心を引きつけた。

演説に出発する前の二月に、ローザは「次は何か」という論文を書いて、『前進』に送っていた。ロシア革命のさいに彼女が矢継ぎ早に戦略を立てて党に働きかけていったように、大衆行動を指導し前進させるために党指導部が持つべき明確なプランを提案した。大衆ストライキへの発展に繋がるようなストライキ闘争の展開と、共和制のスローガンである。社会主義はあまりに遠い目標だと考えたローザは、大衆闘争に目的を与えて日常的な闘争を最終目標に結びつけるために、共和制を煽動したのである。『前進』に送られたこの論文は、三月はじめに、党執行部との合意によって大衆ストライキの問題を扱うことはできない、という理由で送り返されてきた。右派的傾向の『前進』では予想できたことだ。次にローザはこれを、過去のこの雑誌との協力関係に鑑みて優先的に掲載されるはずと信じていた『ノイエ・ツァイト』誌に送った。しかし、カウツキーは、マルクス主義は共和制の煽動には反対であることを主な理由にして、この論文を掲載しなかった。

大きな怒りを覚えたローザは、この論文に手を入れたものを二つに分けて党の地方日刊紙に掲載させた。カウツキーは、ローザの論文に対する悪意のこもった批判を『ノイエ・ツァイト』に公表した。以前の見解とは異なり、彼は議会主義者としての主張に終始したのである。ローザにとって彼は、党指導部に屈服したばかりか、思想的にも完全に袂を分かつことになった。二人の対立は泥沼化して、ローザの論文をめぐる二人の怒りにかられた論争が八月まで続いた。その後も、彼女はことあるごとに彼を批判し、戦争中も彼はローザの最大の攻撃対象となった。それでもローザとカウツキーの妻ルイーゼとの緊密な友情関係は、以前と変わらず続いたのである。

党内での孤立の深まり

ローザは大衆ストライキに関する党内での発言権を何とか維持しようとしたが、党執行部は党大会で先回りして彼女の議論を封じ込めるなど、彼女が影響力を発揮できる余地はなくなっていった。彼女は請われるままに、しばしば演

▼一九一二年選挙　社会民主党は議席数一一〇、得票率三四・八パーセントで、九一議席、一六・一パーセントの中央党を抜いて政党別トップの議席数を占めた。

ローザ（一九一二年、四一歳）

説に出かけて、党内の大衆の心をつかんでいたが、それだけに彼女はカウツキーをはじめとする党内の敵たちから激しく非難された。彼女も機会をみつけては執行部批判をしたが、彼女たち急進派は徐々に党内で孤立していった。社会民主党が一九一二年選挙▲で一一〇議席獲得という大勝利を収めた結果、議会による社会変革への道を実現するために、現状肯定的な政策がますます強まった。急進派の拠点で、ローザが一五年間協力し続けた『ライプツィヒ人民新聞』でさえ、一九一三年夏の編集長の交代を契機に彼女を追放したのである。彼女は、志を同じくするメーリングとマルフレフスキとともに一三年十二月に『社会民主主義通信』を創刊し、自分たちの主張を展開したが、この通信は戦時中に軍事検閲によって発行が不可能になった。

事態が緊迫すると行動に駆り立てられるローザは、指導部への働きかけではなく、大衆へのアピールを重視して帝国主義と対決しようとした。執行部への対決姿勢を強めていた彼女の演説は挑発的で、当局の厳しいマークを受けていた。一九一三年九月の集会で彼女は、「フランスなどの兄弟たちに対して武器を取れと命じられれば、拒否しよう」と発言し、法律に対する不服従の呼びかけの罪で告訴され、一年の禁固刑の判決を受けた。兵士の虐待は日常茶飯事という彼女の主張も、名誉毀損の告発の対象となった。しかし、彼女はこれらの告訴に関する裁判の過程を敵に対する攻撃の好機に変え、反戦闘争の正当性を広汎にアピールし、大衆の熱狂的な支持を獲得したのである。

三重のマイノリティとして

ローザは、ポーランド出身のユダヤ人女性であった。三重のマイノリティで、それゆえの差別も受けたが、彼女はこうした属性に関する運動には関わらなかった。ユダヤ人については、差別されている民族のあいだに隔たりを設けず、ユダヤ人のための特別席をつくる余地はないと考えていた。ポーランド問題には彼女はたしかに心血を注いだが、それはポーランド民族のためではなく、国際プロレタリアートの連帯による社会主義実現のためであった。彼女は、あくまで国際主義者だったのである。

ただし、彼女が世界をみるまなざしのなかには、差別や抑圧を受けている人に想いを馳せるというマイノリティゆえの視点が感じられる。たとえばモロッコ事件を扱った論文のなかでローザは、植民地原住民の権利、利害と苦悩に目を向けるべきと力説している。また『資本蓄積論』には、ヨーロッパの中心的大国で育った当時の人たちには思いつかないような、帝国主義国家によって従属させられた非資本主義国住民たちについての引用や指摘が存在する。

プライドが高く、社会民主党で革命を実現するという使命感に燃えていたローザには、ポーランドや女性など、社会民主党にとって中心的ではない問題の担当者にされることは御免だった。ベルリン移住後に彼女が党執行部を訪ねたさい、「クラーラ・ツェトキンのように女性運動に本来のよりどころを見いだした方がよいかもしれない」といわれ、「わたしは女性運動とは何の関係もありません」といい返している。実際、彼女は女性問題には、まったく関心がなかった。ポーランドの産業化をテーマとした彼女の博士論文には女性労働者のことはほとんど出てこず、男女を一括りにして労働者として論じていた。

女性運動の指導者クラーラ・ツェトキンにローザが初めて会ったのは、彼女がベルンシュタイン批判に没頭していた一八九八年のシュトゥットガルト党大会だった。お互いに左派で同じ女性である二人は、翌年の二月、ベルリンで個人的に話をする機会を持って以降、親しくなり、クラーラがベルリンにおもむいたさいにはローザの家に泊るなど、堅固な友情を築いていった。当初、ローザはクラーラのことをあまり評価していなかった。自信たっぷりのローザはうぬぼれて、ヨギヘスへの手紙に、クラーラの演説は私の論文の繰り返し、自分の意見がないなどと、彼女を小馬鹿にする内容を記している。クラーラが奮闘する女性問題に対しても、ローザは、あの人ったら女どもの発言にかまけて、一般的にはぜんぜん発言しない、と、女性問題に政治闘争としての価値を認めていない。ローザは、さまざまな新聞に論文や記事を書いていたにもかかわらず、クラーラの主催する社会民主党の女性機関紙『平等』には、ほかに発表の場がないなど、よほどのことがないかぎり書かなかった。『平等』に書いて、政治家ではなく「女性扱い」されるのが嫌だったのである。

クラーラの方は、ローザの才能に敬服していた。当初から彼女の論文を評価し、思想的にはローザと志を共有しながら党内左派としての道を歩んでいった。

④—ローザの親友・クラーラとプロレタリア女性運動

社会主義への道

党内左派を代表する二人の女性のうちの一人、クラーラ・ツェトキンは、女性運動の世界で党内右派と闘い、ローザが追求し続けた階級的観点と国際性を維持しようとした。クラーラの歩みを追いながら、社会民主党の変遷を別の角度からみてみよう。

クラーラ・ツェトキン(旧姓アイスナー)は、一八五七年七月五日にザクセン王国▲のヴィーデラウ村に生まれた。父は敬虔なルター派キリスト教徒で、村の学校教師で聖歌隊長だった。三人の子どもをもうけた前妻に先立たれた彼は再婚し、クラーラが生まれた。母は、女性運動に関心を抱き、その指導者だったオットー＝ペータースとも面識があった。一家は子どもたちの教育のために一八七二年に近くの大都市ライプツィヒに移り、クラーラはシュティバー高等女学校に入学する。この学校はオットー＝ペータースの友人で「全ドイツ女性協会▲」の会長でもあったシュミット▲が校長を務め、女性の自立を支援し女性問題

▼ザクセン王国　一八〇六年から一九一八年までドイツに存在した王国。首都はドレスデン。

▼全ドイツ女性協会　ルイーゼ・オットー＝ペータースとアウグステ・シュミットによって一八六五年にライプツィヒで形成されたドイツで初めてのフェミニズム的傾向を持つ女性組織。当時の市民層女性は中等教育の低級段階までしか教育を受けられず、就ける職業もほとんどなかったため、女性の教育と職業の機会均等を要求した。機関誌『新しい道』。のちにドイツの有力な女性団体へと成長。ベーベルも一時、名誉会員として組織に参加。

▼アウグステ・シュミット(一八三三〜一九〇二)　作家、教員。教員セミナーを修了後、一七歳で教員になる。その後、試験に合格して、高等女学校教員、私立女学校校長を務める。女性運動の指導者となり、特に女子教育の分野に尽力。一八六九年に女性教員協会を結成。この協会は一八九四年に形成されたドイツの市民的女性運動の上部組織「女性団体連合」の中心組織となる。

▼家庭教師　高等女学校を卒業した女子が就く典型的な職業は、小学校教員と家庭教師だった。

について学べる最高の女子教育機関だった。ここでクラーラは、のちの女性運動に必要な基本的な精神を身につけている。続けてクラーラは、この女学校付属の女子教員養成コースに通い、七八年に国家試験に合格して現代言語教員の資格を取得した。その後、八二年まで彼女は家庭教師▲として働いた。

ライプツィヒでの学生時代、クラーラには、ロシアからの亡命ナロードニキ学生グループと親しくしていたロシア人の学友がいた。社会問題に関心を持っていたクラーラは、彼女の招きで彼らのサークルに参加し、数多くの社会主義的文献を読み、議論をした。ここで彼女は、未来の夫となるオシップ・ツェトキンと知り合う。彼はクラーラよりも一〇歳あまり年上のオデッサからの亡命ユダヤ人ナロードニキで、学業の傍ら指物師として働き、グループで指導的役割を果たすとともに、ライプツィヒの労働運動にも関係していた。彼の影響を受けて、クラーラは社会民主党の集会に参加するようになり、やがて党の活動の手助けもするようになる。オシップとの親しさが増すとともに、彼女は母や恩師の見解から離れて、社会主義思想に傾倒した。

社会主義勢力は一九七八年制定の社会主義者鎮圧法によって活動を制限され、

●ルイーゼ・オットー＝ペータース（一八一九〜九五）　作家でドイツ女性運動の創始者。四八年革命のさいに女性の運動への参加と国家生活への関与を訴える。女性の自助と自立をめざして女性の職業教育への権利を主張した。一八四九年から「自由の国に女性市民を募る」という標語を掲げて『女性新聞』を発行するが、五二年に発行禁止に。女性労働者の窮状にも理解を示した。

●クラーラ（一八九七年）

●クラーラ像（ライプツィヒ、ヨハンナ公園）　この公園は、一九五五年にクラーラ・ツェトキン中央文化公園と命名された公園の一部であった。二〇一〇年に公園を五五年以前の名前に戻すべきとの議論が起きたが、反対の声が強く、一部だけ元の名前になり、クラーラ・ツェトキン公園の名前も残された。一九六七年にクラーラの生誕一一〇年を記念してつくられた像は、現在、元の名に戻ったヨハンナ公園にある。

▼『社会民主主義者』　社会主義者鎮圧法時代の社会民主党の機関紙。最初、チューリヒで一八七九年に、のちにロンドンで一八九〇年まで発行され、非合法でドイツに持ち込まれた。

クラーラと長男マキシム(右)、**次男コンスタンティン**(左)

結社、集会、印刷物の配布などが禁止された。オシップは、ベーベルの「誕生祝い」という名目でおこなわれた一八八〇年九月三日の集会で逮捕され、翌年四月に再逮捕されたあと、ザクセン邦から追放されている。まもなくクラーラもライプツィヒを離れ、オーストリアのリンツ近郊で家庭教師をしたあと、八二年の晩夏にロシア人の旧友が滞在していたチューリヒにおもむいた。チューリヒは亡命活動家の拠点であり、ドイツの社会民主党もここで機関誌『社会民主主義者』▲を発行していた。クラーラは、名だたる革命家やドイツ社会民主党員と知り合い、三カ月あまり『社会民主主義者』の発行と輸送の手伝いをした。そして彼女はライプツィヒでの別れ以来、ずっと文通していたオシップの住む、ヨーロッパ社会主義の中心地パリへと旅立った。

ドイツ国籍を失いたくないクラーラは、オシップとは事実婚だったが、彼の姓のツェトキンを名のり、一八八三年八月に長男マキシム、八五年四月に次男コンスタンティン(以下、愛称のコスチャ)を産んでいる。二人は語学学校の教師、執筆、翻訳などで収入をえたが、生活苦に悩まされ、家賃の滞納で家を追い出されたこともあった。貧困と過労による病が追い打ちをかけ、窮状をみかねた同志や弟の金銭的支援も受けている。クラーラの結核は療養によって回復したが、八六年から脊髄カリエスに苦しんでいたオシップは、八九年一月に三六歳の若さで帰らぬ人となった。同志でもあった最愛の夫を失ったクラーラは、しばらく悲しみに暮れていたが、子どものため、そして自らの信念のために前を向いて歩みだす。

ベルリン女性労働者の集会（一八九〇年）

女性運動活動家への道

パリ時代のクラーラは、ロシア、ドイツ、フランスの社会主義や労働運動の組織と関わっていたが、当初は彼女の社会主義の「教師」だった夫を助けるようなかたちで執筆活動をおこない、人前で演説したのは、一八八六年に結核療養のためにライプツィヒの弟の家に滞在していたときが初めてだった。この頃から、彼女は単独で社会主義系の雑誌や新聞に署名入り原稿を書くようになり、人物像やフランスの政治・経済・社会に関する報告記事のほか、とりわけ女性労働者を中心とする女性問題に注目した。当時はちょうど、女性の工場労働が増加し、ドイツ社会民主党の内外で家族と関連させた女性労働問題が活発に議

▼女性労働者保護法　女性の深夜労働および産後労働の禁止と家事時間の確保のために一八九一年に制定された。家族崩壊や乳幼児死亡率の増加が話題になりはじめた一八六〇年代末から議論がはじまり、資本家の搾取に対抗する社会民主党と女性の家庭義務を重視するカトリックの中央党によって推進された。女性は自分の労働環境を自力で改善できない弱者なので保護が必要と規定される。ビスマルクの反対によって制定が遅れ、法制定を決定した議会投票では、女性に限定しない一般的な労働時間削減を求めた社会民主党のみ反対した。

論され、女性労働者保護法▲制定が間近に迫っている時期であった。ドイツの社会民主党は公式見解としては女性労働を肯定していたが、党員のなかには女性労働に反対する意見も根強かった。そのような状況のなかでクラーラは女性労働と社会主義に関する考察を深め、八九年七月にパリでおこなわれた第二インターナショナル創立大会で「女性解放のために」というタイトルで演説し、国際社会主義の論壇にデビューした。

この時点ではすでに、ベーベルの『女性と社会主義』(初版一八七九年)とエンゲルスの『家族・私有財産・国家の起源』(一八八四年)が、未来の社会主義社会での女性解放を描いていたが、まだユートピア的な色彩が強かった。クラーラは二人と同じマルクス主義の立場に立って、女性問題を階級問題としてとらえた。女性解放は、女性の経済的自立を前提条件として社会主義社会でのみ可能となることを示し、それゆえ女性は社会主義の旗のもとに男性とともに階級闘争を遂行すべきだと説いたのである。女性解放への具体的道筋を明らかにした、この社会主義女性解放論は、その後、社会民主党の女性運動の指針となる。

一八九〇年の春にクラーラはパリを離れ、ベーベルに斡旋してもらったスイスの社会民主党系の保養所で結核の療養をし、健康が回復した九一年にドイツのシュトゥットガルトに居を定めた。ここには、『ノイエ・ツァイト』の発行元であるディーツ社があり、その編集長であるカウツキーも住んでいた。彼女はディーツ社で仕事をし、二人の子どもを学校に通わせた。

ディーツ社は、イーラー▲が創刊したドイツで初めての『女性労働者』という雑誌を継承発展させるかたちで、一年後の一八九二年に社会民主党女性運動の機関誌『平等』を発行し、その編集を、社会民主党内で徐々に頭角をあらわしてきたクラーラに委ねた。それまではドイツ各地に女性たちが個別につくった組織が存在している状況だったが、党として女性の組織化に乗り出したのである。クラーラは、彼女にとってまさに理想の職に就任し、パリ時代の明日の食べ物にも困るような苦しさを脱して、生活の安定もえることになる。

プロレタリア女性運動の指導者として

かつての社会民主党には、女性を政治的な同志と認めたがらない風潮が強かったが、女性の政治活動が議事日程にのぼった一八九六年のゴータ党大会以降、

▼エマ・イーラー（一八五七〜一九一一）　社会民主党女性運動の先駆者。靴職人の子どもとして生まれ、二二歳で薬剤師と結婚。二〇代半ばで社会民主党に入党し、ベルリンで女性労働者のための活動に従事。一八八九年の第二インターナショナル創立大会でクラーラとともに女性労働反対提案提出を阻止。ドイツ初のプロレタリア女性のための雑誌『女性労働者』を九一年に創刊。前年に六人の男性とともに労働組合の中央執行委員に選ばれた。

女性党員獲得への理解が浸透していった。その報告を担当したのがクラーラだったことに示されているように、この頃から党の女性運動は彼女の指導下におかれることになる。彼女は党大会での演説で、一八八九年の段階では女性を特別視することに反対していた女性労働者保護法にも触れ、その必要性を訴えている。労働者階級女性の職場や家庭での状況改善に取り組むことは、女性の組織化や社会主義への教育にとって重要だと考えたのである。

クラーラは学識でも理論的洞察力でもローザにはかなわなかったが、彼女は揺るぎなきマルクス主義者であった。女性運動の組織化に関わってきたほかの多くの社会民主党の女性たちが、女権的な傾向を持ち、明確な理論的指針に欠けていたのに対して、クラーラには党指導部のマルクス主義路線と共鳴するという強みがあった。彼女は女権主義を退け、女性解放は改良によっても達成されると考える修正主義・改良主義者に対抗して、階級闘争こそ、女性解放への唯一の道だと一貫して主張し続けた。とはいえ、たとえば女性参政権▲獲得や家父長的な家族法▲の是正など、社会民主党の女性運動の要求には女権主義者と共通するところがあったので、市民的な女性運動と共闘できる余地があった。実

▼女性参政権　女性参政権獲得は当時の女性運動の最大の獲得目標だった。社会民主党は一八九一年のエルフルト綱領以来、女性参政権獲得を掲げ、市民的な女性運動も同時期から要求した。ドイツで女性参政権獲得運動が活発になるのは、二十世紀以降のことである。

▼家父長的な家族法　一八九六年に制定されたドイツ民法典では、妻の(持参)財産や婚姻中に取得した財産が夫の管理および収益に服すること、妻の職業従事には夫の同意が必要なこと、母の非嫡出子に対する親権否定、などが定められていた。

際、市民的女性運動の、特にラディカルな女性たちは、社会民主党女性運動との共闘の道を模索した。党内にも両者の連携に熱意を燃やした勢力が存在したが、クラーラは、市民的女性運動は自分たちの目的のために労働者女性を利用するだけだと考え、この試みを断固として退けている。彼女は、社会主義女性運動と市民的女性運動は異質なものととらえ、両者のあいだに明確な境界線を引いたのである。

社会主義の実現なくして女性解放は不可能と考えるクラーラが最も重視したのは、階級闘争への女性の参加であった。そのため彼女が編集を担当する『平等』も、労働者女性の党への勧誘より、活動家を、市民的女性運動に影響されない確固たる社会民主主義者として教育することを重視した。『平等』は発行部数が伸びず、「難解」という批判を受け、ディーツ社は『前進』の女性用付録としての出版さえ考えたが、彼女は譲らなかった。

二十世紀になると、「男性の党」だった社会民主党にも女性党員が増え、増加率では男性を上回っていた。▲右肩あがりの党勢拡大のなかで、労働組合や党幹部も女性党員獲得に意欲を示すようになり、家族ぐるみの入党者が増えた。

『平等』購読者数

発行年	購買者数
1901年	4,000人
1902年	9,500人
1903年	11,000人
1904年	28,700人
1905年	44,000人
1906年	67,000人
1907年	75,000人

▼**社会民主党党員数の男女比**　一九〇八年まで男性党員数が女性党員数より一〇倍以上多かったが、結社法の廃棄以降、女性党員が増え、一四年には五倍強に縮まった。

党も女性運動も大衆化するなかで、クラーラが以前からの路線を貫いて指導力を発揮するのは難しくなっていく。

一九〇八年に女性の政治活動を禁止していた結社法▲が消滅したことで、党は女性運動の女性に対する独自な働きかけを制限して一般的な党組織のなかに女性を組み込もうとした。それは、今や党内勢力の中心となった右派改良主義者や右派の牙城であった労働組合によるクラーラの影響力削減のための試みであった。彼女は、女性運動内でというより、党幹部との権力闘争を闘わなければならなくなった。彼らは、女性運動のなかで頭角をあらわしてきたツィーツ▲を前面に押し立てて、クラーラに対抗した。ツィーツの政治的立場は党幹部より左寄りの左派中道だったが、革命路線を貫くクラーラとは違って、彼女は党の改革路線に矛盾しないかたちで運動を指導することができた。党の対抗によって動きがとれなくなったクラーラは、『平等』の編集を下りることさえ考えたが、それは左派にとっての敗北であるとローザに説得され、闘い続ける道を選んだ。

女性運動の実質的な指導はツィーツの手に移り、クラーラは病に伏せること

▼結社法　一九〇八年以前は邦ごとに独自の結社法が存在して結社に関する規定は異なっていたが、同年に施行された帝国結社法によってその規定が帝国全体で統一された。このとき結社の自由が認められ、初めて女性の結社活動も承認された。ただし、このとき結社と集会開催には当局への登録と申請が必要になった。

▼ルイーゼ・ツィーツ（一八六五〜一九二二）　家内工業を営む家で生まれ、幼少期より仕事を手伝い、国民学校卒業後、家事奉公人、タバコ工業労働者として働く。一八九〇年に港湾労働者と結婚し、九二年に社会民主党の活動に参加。港湾ストライキを支援。優れた演説能力を持ち、多くの女性を社会民主党に獲得。一九〇八年に党執行部に入る。一七年に独立社会民主党の結党に参加し、中央執行委員の一人になる。

も多くなったが、それでも『平等』の編集長として巻頭論文をはじめとする数多くの記事を書き、国内外の同志と文通し、党政治でも積極的な役割を演じていた。特に重要なのは、国際舞台での活躍である。社会主義女性運動の国際的連帯が模索され、一九〇七年に彼女の居住地のシュトゥットガルトで開催された第七回第二インターナショナルのさいに、国際社会主義女性会議▲が招集され、その事務局が『平等』編集部におかれることになった。

この会議で取り上げられた女性参政権は、その後、獲得に向けた大きなうねりが起きることになる。一九一〇年の第二回国際社会主義女性会議で、クララは、毎年、国際女性デーを開催することを提案し、満場一致で採択された。今日まで続く国際女性デーの創始である。その第一の目的は、女性参政権の啓発活動だった。この日には、アメリカをはじめ、ヨーロッパ各地で女性参政権を求める大規模な集会が開かれた。戦争勃発の可能性も出てきた一四年のドイツの国際女性デーでは、ローザの逮捕反対と戦争反対を叫んで、デモがおこなわれた。

▼**国際社会主義女性会議**　一九〇七年の第二インターナショナル大会の前日に欧米の女性たちが集まって設立。女性運動の国際的連帯のために国際社会主義女性中央書記局が設立されることになり、修正主義者のリリー・ブラウンはブリュッセルに書記局をおくことを提案したが、『平等』編集部内への設置を提案したクララ案が採択される。クララが書記局書記になる。

クララとローザ（一九一〇年）

再婚

クラーラは、一八九六年にシュトゥットガルトの美術学校でのストライキを援助したさいに、若くて才能ある学生、ゲオルグ・フリードリヒ・ツンデル▲と知り合った。芸術家肌で熱心な活動家ではなかったが、社会民主党員だった彼は活動力旺盛なクラーラを敬愛し、彼女も、この若者に心を惹かれて、九九年に結婚した。そのときクラーラは四二歳、一八歳年下のツンデルは二四歳、二人の息子は一六歳と一四歳になっていた。一九〇三年に二人はシュトゥットガルト郊外のジレンブーフの森の中にある一軒家に転居し、庭で育てた花と血統書付きの大きな犬に囲まれて生活をした。大学入学とともに、二人の息子はクラーラのもとを離れた。この家には、ローザをはじめ、カウツキー夫妻やメーリング夫妻などの社会主義の仲間、そして画家や歌手などの芸術家も集い、クラーラは、サロンの女主人さながら彼ら・彼女たちをもてなした。

オシップの場合と異なり、二人の結婚生活では精神面でも経済面でもクラーラが主導権を握っていた。ツンデルにも画家としての稼ぎはあったが、彼女の収入で生活し、彼は助言者や秘書として、また運転手として、病気がちの彼女

▼**ゲオルグ・フリードリヒ・ツンデル**（一八七五～一九四八）　ブドウ栽培農民でレストラン経営者の息子として生まれる。六歳で母が死に、父が再婚した妻と折り合いが悪かったため、一四歳で家を出て装飾画家の見習いをはじめ、職人になる。一八九二年にカールスルーエ美術工芸学校、九四年にシュトゥットガルトの美術学校に入学。クラーラが助言したストライキに参加して追放される。クラーラとの離婚後に隣人として親しかった企業家ロベルト・ボッシュの娘パオラと結婚。テュービンゲンで画業と農業に従事。

を懸命に支えた。彼女はツンデルの存在に癒やされ、芸術に関して彼から多くを学んだが、彼を自分の思い通りにしようとしたふしもある。第一次世界大戦の開戦頃から、二人は溝が深まり、ツンデルは一九一六年五月に民間人として赤十字の活動に参加し、自分の車でフランスの戦場におもむいた。二人の関係は終わったのだ。しかし、正式な離婚は一〇年後である。あらたな恋人をみつけた彼とは異なり、クラーラは離婚に積極的になれなかったようだ。

⑤—第一次世界大戦とロシア革命

反戦と階級闘争継続の訴え

ローザがポーランド王国・リトアニア社会民主党の代表として出席した一九一四年七月二十九日のブリュッセルのインターナショナル事務局会議は、表向きは戦争反対を唱えつつも、自国優先の空気が支配していた。その状況を見抜いたローザは、大衆を前にしてインターナショナルの決意に関する演説をすることはできなかった。それでも開戦直前、ローザはクララの協力をえて社会民主党の戦争政策に対する抵抗を組織化しようと八方手を尽くしたが、実を結ばなかった。社会民主党は「城内平和」▲を宣言し、反戦を唱える一五人の代議士たちも、党の規律に従って八月四日の帝国議会での戦争予算案に賛成の票を投じたのである。インターナショナルも、原則である反戦の旗を降ろして自国の立場を優先し、崩壊した。

ローザは絶望したが、それでも気力を振り絞って社会民主党の戦争政策に抵抗する活動を開始した。九月には、メーリング、カール・リープクネヒト、ク

▼**「城内平和」**　第一次世界大戦開始時に国民が一致団結するため、社会主義政党を中心とする野党と政府のあいだでの対立が一時停止され、戦争遂行のために協力関係が結ばれた。労働組合はストライキを自粛し、社会民主党は戦費調達に賛成。

▼**マティルデ・ヤーコプ**（一八七三〜一九四三）　ユダヤ人畜殺親方の娘として生まれ、速記タイピストおよび翻訳者となる。一九一三年にローザらが発行した『社会民主主義通信』の清書を担当。ローザの人柄に

感銘し、彼女の入獄中は、秘密原稿や手紙の運搬など、あらゆる側面で協力。ローザの死後、パウル・レヴイと行動を共にし、彼を支援した。彼の死後は政治活動から退くが、一九三三年にナチへの抵抗者グループと接触。ユダヤ人として差別・迫害され、四二年にテレージエンシュタットの強制収容所に移送され、四三年に死亡。

ヨギヘス（一九一八年）

ラーラを説得し、四人の署名で党の公式見解を批判する文書を公にした。社会民主党指導部とは異なる路線の必要性を大衆に届けるために、彼女は『ディ・インターナツィオナーレ』紙の発行準備を進め、メーリングと共同で編集し、クラーラも協力した第一号が一九一五年四月に出た。そこに掲載された「インターナショナルの再建」という論文で彼女は、社会民主党の分裂を念頭におきつつ、再建にはプロレタリアートの利益にもとづく平和の達成が不可欠と訴えた。だからこそ、戦時と平時を分け、万国のプロレタリアートの団結は平時のものであって、戦時には国内の階級協調と各国労働者間の戦闘が必要と説くカウツキーの見解は、彼女にとっては偽善でしかなく、徹底的な攻撃の的となった。

ローザはその二カ月前から服役していたが、面会にくる秘書のマティルデ・ヤーコブ▲を仲介者にして、実務作業や印刷業者との連絡に奔走したヨギヘスと繋がっていた。夫婦関係の解消後、ヨギヘスを避けていたローザだったが、ポーランド王国・リトアニア社会民主党の件で彼と連絡をとらざるをえなくなり、一九〇八年から文通を再開していた。もっとも文面は、以前と違って事務的なものになっていた。二人は、政治的な同志として協力する関係になったのである。一方、雑誌は検閲官によって没収され、二号以下は発禁となった。

服役

フランクフルトでの演説で受けた禁固刑は、ローザの病気のため一九一五年三月末まで延期されるはずだったが、彼女は二月十八日に突然逮捕され、女性監獄に送られた。女性のための集会とは無縁だった彼女は、それでも反戦の国際的連帯をアピールするためにクラーラとともに三月末にベルンで開かれる国際社会主義女性会議▲に出席しようとしたが、それもかなわなくなった。当局は、危険人物たるローザの自由を奪うことに必死だった。

人間として尊厳が奪われる厳しい服役生活のなかでも、彼女は使命感にかられて論文を書いた。「社会民主党の危機」(ユニウス・ブロシューレ)は、執筆の一年後の彼女が一時的に釈放されていた一九一六年四月に、ユニウスという匿名でチューリヒで出版された。秘密裏の配布だったにもかかわらず、版を重ね、非合法活動家たちを勇気づけた。この論文で彼女は、帝国主義時代の戦争では、

▼**第三回国際社会主義女性会議**　一九〇七年に結成された会議の三回目。一五年三月にベルンでクラーラの指導下に開催された、反戦の国際的統一戦線を要求する最初の会議。ベルンにはレーニンが亡命しており、彼の起草した「帝国主義戦争を内乱へ」という内容を含む決議案が出されたが、会議は戦争の原因が資本主義にあり、平和は社会主義によって達成されるとするクラーラ案を採択した。この会議への出席と会議ビラの非合法な配布を理由に、クラーラは八月に逮捕された。健康の悪化によって彼女は十月に釈放されたが、厳しい警察の監視下におかれ、シュトゥットガルトを離れられなかった。

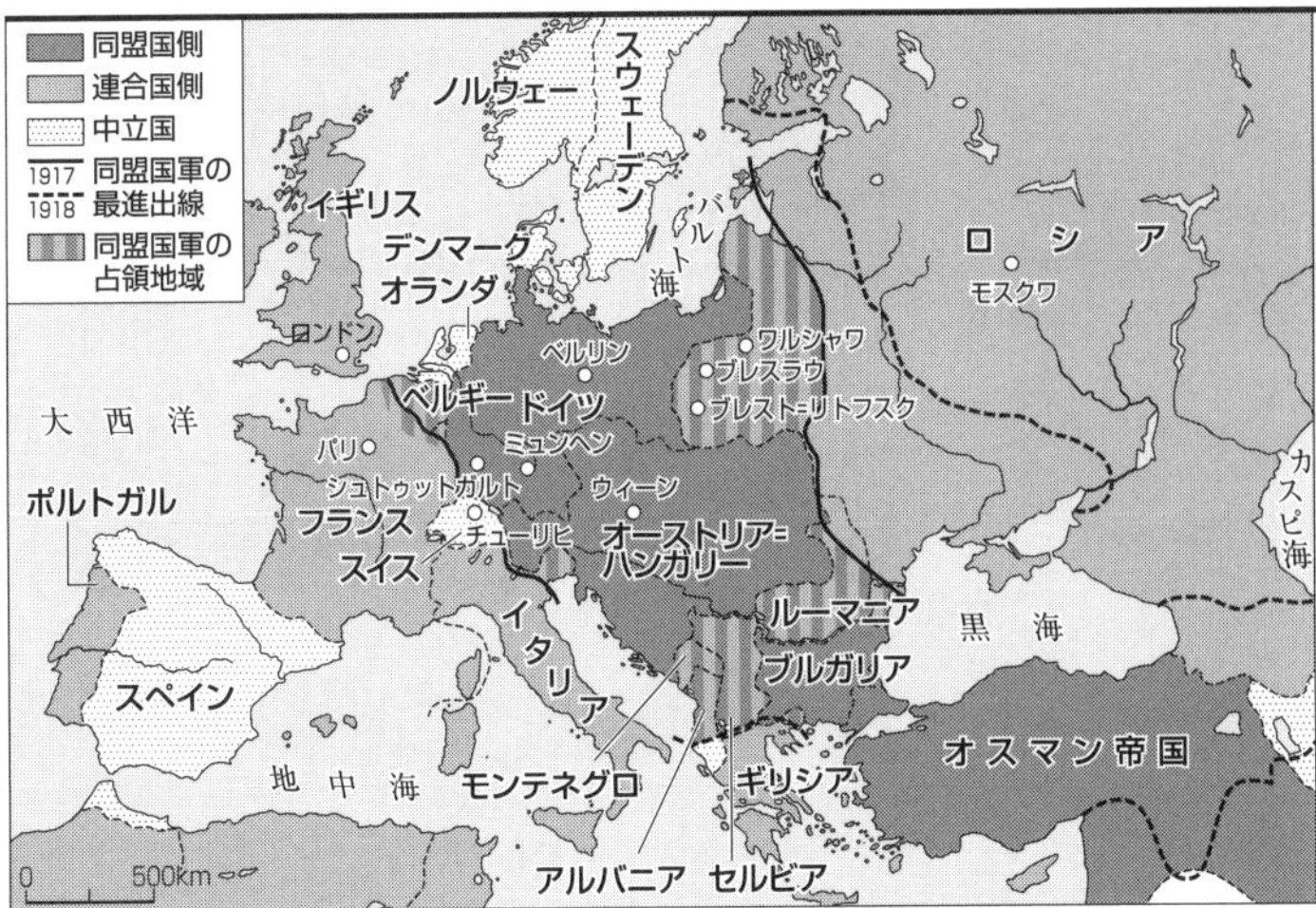

●—第一次世界大戦中のヨーロッパ

●—ローザ（一九一四年、四三歳）

ベルリン・バーニム通りの女性監獄

監獄のなかのローザ

いずれのグループが勝利しても労働者には悪がもたらされるだけであり、したがってプロレタリアートが統一して帝国主義と闘うという革命的介入によって平和が獲得されねばならず、そのためには階級闘争を継続的に発展させなければならない、と主張した。

スパルタクス団

社会民主党内部では、急進左派はもとより、中央派からも戦争反対の声が大きくなり、一九一五年十二月の戦時国債承認投票では二〇人が反対投票をした。彼らは、一六年三月に党議院団から除名されている。ローザ、リープクネヒト、メーリングは、平和主義の中央派と自分たちのあいだに明確に境界線を引き、反戦を支持する大衆を中央派から引き離して自分たちの側に獲得しようとした。その組織づくりのために彼女が獄中で書いた指針は、あくまで帝国主義に反対する国際的な階級闘争の推進を追求し、さらにインターナショナルをプロレタリアートの祖国として最優先するものであった。この指針にもとづいて、スパルタクス団(当初はスパルタクス・グループ)が誕生し、クラーラも参加した。

女性監獄の中庭　囚人たちが歩廊を歩いているところ。

スパルタクス団は非合法冊子(『スパルタクス書簡』)の刊行以外に、大衆を反戦のために行動させる努力もおこなった。一九一六年五月一日のメーデーにベルリンのポツダム広場に一万人あまりの労働者が集まり、待ち受けていた警官と対峙した。その群衆のなかにはローザもいて、政府打倒と戦争中止を叫んだリープクネヒトを逮捕させまいと、もみ合いのなかに身を投じるが、彼を救うことはできなかった。彼女は大衆を鼓舞するためにリープクネヒトの行動の重要性を示す一連の文章を書き、こうしたスパルタクス団の非合法ビラはヨギヘスの働きによって全国に配布された。五月一日デモへの共同行動の呼びかけを拒否した中央派も、リープクネヒトの逮捕には同情を示し、反対派の結束強化を申し出たが、彼女はこれをきっぱりと拒絶し、自分たちの闘いを続けた。彼が二年六カ月の懲役刑判決を受けた六月二十八日には、ベルリンで五万五〇〇〇人の軍需工場労働者がストライキをおこない、そのほかの都市でも政治ストライキやデモがおこなわれた。スパルタクス団は、大衆の自発的な意志に方向と目標を与える、というまさにローザの活動理念を実践したのである。

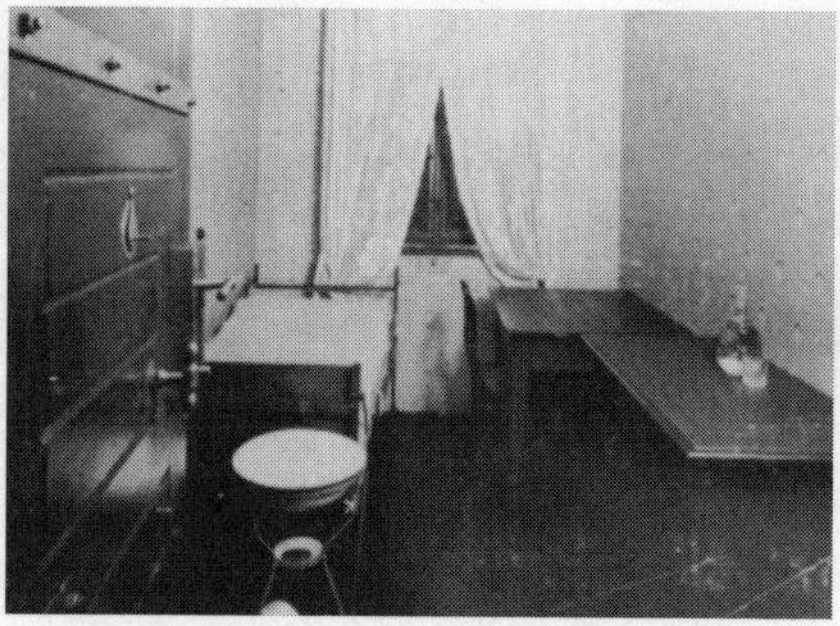
ヴロンケ要塞の独房

再度の服役

一九一六年七月十日にローザは、突然逮捕された。危険分子として「公共の治安」のために保護拘禁されたのである。最初は半年前まで投獄されていたベルリンの女性監獄。九月に、彼女の外界からの隔離を厳密にするために暫定的に警察本部尋問独房に移された。ここは電気もなく、不潔で、雑音に悩まされる地獄の監獄だった。ここに収監されていた六週間のあいだにローザの髪の毛には白いものが増え、精神には消せない傷が残った。

十月に彼女は、ポズナンにあるヴロンケ要塞に移された。そこは静かで拘留状態も悪くなく、要塞の外の中庭で花壇をつくったり鳥の声を聞いたりと牧歌的な生活をすることができた。孤独な獄中生活は、感性豊かで、さまざまな才能に恵まれたローザの人間性を浮き彫りにしている。植物学への造詣が深く、以前から押し花をつくっていたローザは、差し入れてもらった花で鮮やかな色彩の膨大な押し花コレクションを完成させた。文学書を読み、数多くの手紙を書いた。主な宛先は、リープクネヒトの妻のソーニャ、夫カールとローザの対立や政治的見解の相違にもかかわらず親しい友人であり続けたルイーゼ・カウ

●—ローザがつくった押し花　一九一三〜一八年のあいだにつくられた。

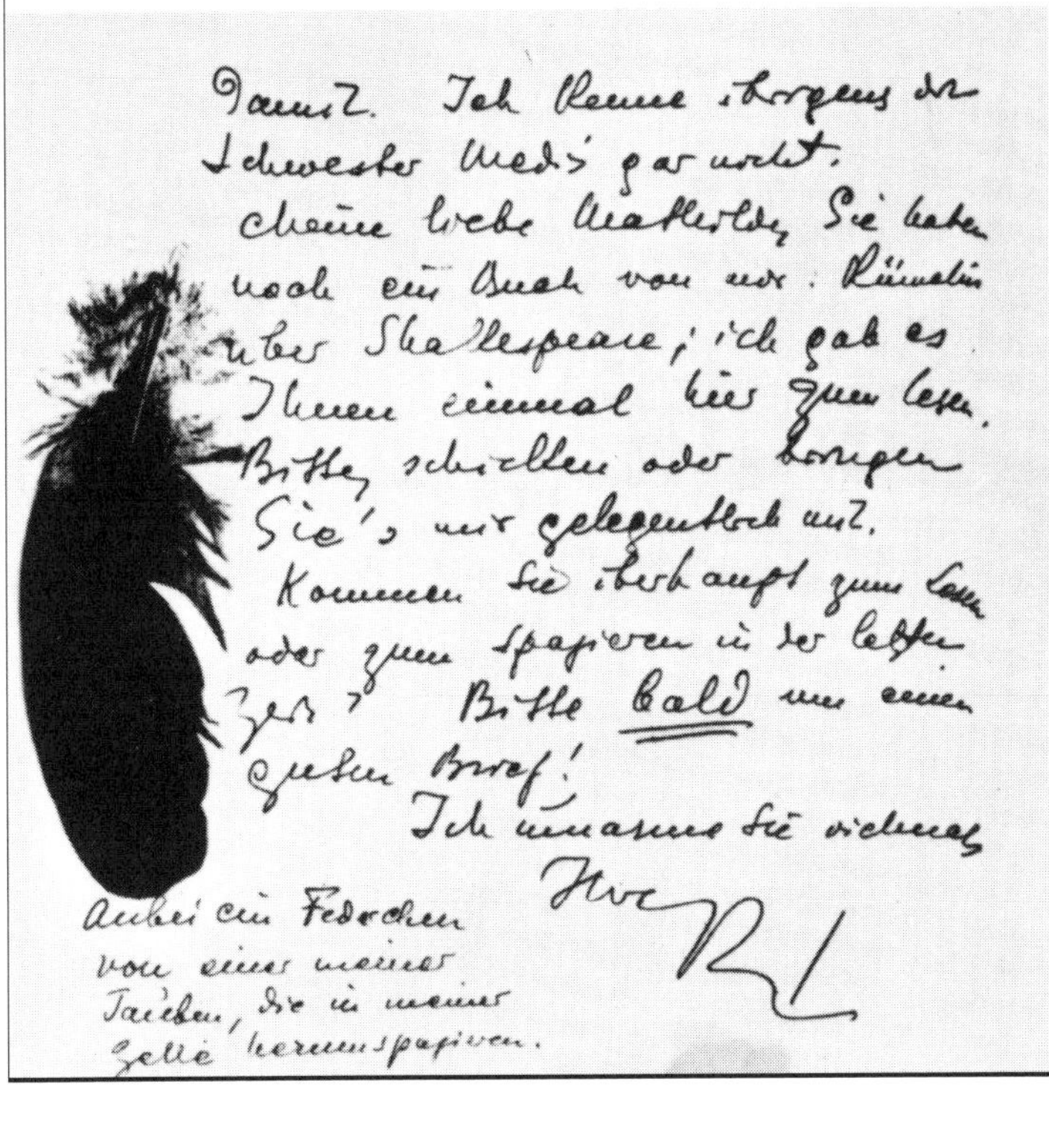

damit. Ich kenne übrigens die Schwester Mads gar nicht.
Meine liebe Mathilde, Sie haben noch ein Buch von mir: Rümelin über Shakespeare; ich gab es Ihnen einmal hier zum lesen. Bitte, schicken oder bringen Sie's mir gelegentlich mit.
Kommen Sie überhaupt zum Lesen oder zum Spazieren in der letzten Zeit? Bitte bald um einen guten Brief!
Ich umarme Sie vielmals
Ihre
R L
Anbei ein Federchen von einer meiner Täubchen, die in meiner Zelle herumspazieren.

●—マティルデ・ヤーコプ宛てのローザの手紙　鳩の羽が使われている。

ツキー、クラーラ、秘書のマティルデ・ヤーコブなど。拘束中でも彼女は誇りを失うことはなく、それぞれの心持ちや健康状態を察しながら、慰めたり励ましたりする内容の、また仲間としての友情と信頼のこもった手紙をしたためた。そして手紙には、見事なスケッチ画が添えられていた。

　ローザは断固たる意志と使命感を持って、落ち着いた時間が必要な仕事を着実にこなしていった。党学校講師時代に開始していた『経済学入門』の執筆、コロレンコの『わが同時代人の歴史』のロシア語からドイツ語への翻訳、定期的に発行されていた『スパルタクス書簡』への寄稿。これらの文書は、監視の目に届かぬように獄外へ持ちだされた。

　一九一七年七月に、ローザはブレスラウの監獄に移された。ヴロンケ要塞よりはるかに劣悪な環境で、自然との戯れも奪われた。わずかな散歩をのぞいて、一日中監房に閉じ込められる幽閉生活を送ることになった。監視は強化され、文通も制限された。その影響で、彼女の健康は悪化した。一七年はじめには、病気を理由にローザを保釈させようという動きもあったが、成功しなかった。

▼ウラジミール・コロレンコ（一八五三〜一九二一）　ロシアの小説家、ジャーナリスト。ウクライナ官吏の息子として生まれる。ナロードニキ運動や革命運動への関わりを理由に放校、追放、投獄されている。人道主義的な立場からロシアの民衆や自然を描いた数多くの短編を発表。一九一七年のロシア革命を当初は支持したが、やがてボルシェヴィキの急進的な活動に失望。

▼『わが同時代人の歴史』　コロレンコが自らの人生を振り返りながら、当時の社会を活写する自叙伝。一九一九年はじめにローザの序文をつけて出版されたが、ローザが刊行をみることはできなかった。

ロシア革命

一九一七年二月、ロシアで労働者は兵士とともに蜂起し、三月にはツァーリ政権が倒れた。もちろん、この革命は獄中のローザの最大の関心事になった。ブルジョアジーの入閣に惑わされることなく、プロレタリアート独裁を訴えた彼女にとって重要だったのは、ロシア革命を孤立させないことで、そのためにはドイツ労働者の蜂起が必要だった。ロシア革命に励まされて、四月には食糧事情の悪化に苦しんでいた軍需工場労働者の巨大なストライキの波がドイツ各地で起こり、三〇万人もの労働者が参加した。しかし、就業拒否の労働者は前線に送られ、運動は収束してしまう。

獄中での情報入手には限界があったため、現状の評価に誤りもあったが、ローザは熱心にロシア革命に取り組んだ。彼女のロシア二月革命に関する総括は、一九一七年八月に発行された『スパルタクス書簡』六号の「焦眉の時局問題」にあらわされている。これは同時に彼女のロシア革命観の原型を示すものであった。彼女は、三つの問題について考察している。第一は、戦争と平和。今日の戦争が帝国主義の国際的対決である以上、ロシアの単独講和では破局からの

▼「無併合、無賠償、民族自決」の講和　一九一七年十一月にソヴィエト政権が「平和に関する布告」で主張した戦争終結方法。戦争の勝者は敗者から領土や賠償金を取らず、民族の自治を認めるという講和条件を提示した。連合国はこれを無視し、ロシアはドイツと単独で講和を結ぶことになるが、この布告は適用されなかった。

解放は不可能であり、この世界戦争を終結させうるのはプロレタリアートの世界革命だけ。第二のロシア革命の将来については、国際プロレタリア革命によるロシア革命の背面援助の必要性。第三は、一七年夏にストックホルムで開催予定の社会主義インターの国際平和会議についてで、これは大衆を眩惑する試みであり、社会主義を裏切ったかつてのインターナショナルの復活であると一蹴した。現段階での「無併合、無賠償、民族自決」の講和▲は資本主義階級支配の温存と強化であり、戦前の状態回復のためのスローガンであった。ローザにとって平和を達成できる唯一の道は、三年前と同じ、国際的社会主義革命の達成であった。

十月には、ロシアの革命はローザの目標としたプロレタリア独裁に到達した。彼女はボルシェヴィキの断固たる権力への意志と、最後までやり遂げる勇気と行動力を最大限に称賛した。しかし、彼女の喜びはディーフェンバハの死の知らせと孤立による革命の圧殺への危惧で押し殺された。それでも彼女は発信を続け、『スパルタクス書簡』八号(一九一八年一月)に掲載した「歴史的責任」で、独ソ単独講和がドイツ軍の東部戦線の戦力を西部に移すことを可能にし、ドイツ帝国主義を利することを指摘した。ドイツ帝国主義の勝利はドイツだけではなくロシア革命にも致命的な影響をもたらすと考えた彼女が訴えるのは、ドイツ・プロレタリアートへの責任の自覚と決起への呼びかけだった。

ローザは、ブレスト＝リトフスク条約▲での講話は革命ロシアにとって破滅を回避するためのやむをえない選択だと認めたが、ボルシェヴィキの政策には批判的だった。九月発行の『スパルタクス書簡』の「ロシアの悲劇」では、ドイツ社会民主党の卑劣さゆえにロシアの革命は過ちを犯さざるをえなかった、と指摘した。彼女は革命の過ちを具体的に明らかにしようとするが、ローザの協力者のヨギヘスは一九一八年春に逮捕され、『スパルタクス書簡』の発行は不規則になっていた。またヨギヘスの後を継いだレヴィと意見が対立し、彼はブレスラウのローザを訪ねてボルシェヴィキ批判を公表しないように説得しようとした。ローザは納得しなかったが、彼女の論文は印刷されなかった。それでも彼女は、十一月のドイツ革命の勃発まで『ロシア革命論』草稿を書き続けた。パウル・レヴィは、未完に終わったこの草稿を一九二二年に刊行▲した。

ローザが『ロシア革命論』で批判したボルシェヴィキ政策の誤りは、農地改

▼ブレスト＝リトフスク条約　一九一八年三月に調印されたドイツとロシアの講和条約。ロシアは大幅な譲歩を強いられ、ポーランド、バルト三国、フィンランド、ウクライナなど広大な領土を失って戦線から離脱した。ドイツは東部戦線の終結によって全兵力を西部戦線に投入できた。同年末のドイツの敗北によって条約は無効となる。

▼『ロシア革命論』の刊行　出版にさいしてレヴィは「序文」を書き、この草稿の成立事情を説明している。彼は一九二一年にドイツ共産党およびコミンテルン指導部と対立し、自己の立場を正当化する論拠としてローザの『ロシア革命論』草稿を刊行した。彼が草稿をただちに公開しなかったのは、生まれたばかりのロシア革命のイメージを傷つけ、ドイツ国内の反ボルシェヴィキキャンペーンの助長を恐れたからである。

革、民族自決権、民主主義とテロルの問題の三点であった。第一の農民政策・農地改革では、大土地所有の農民への分配は農民を革命の側に引きつけるための有効な手段だと認めつつも、それは社会主義的方策ではなく、農業の社会主義的改革への道を妨げると指摘。第二のレーニンと長年にわたって対立してきた民族自決問題では、民族自決は資本主義社会では不可能との持論を展開した。第三の民主主義の問題では、彼女はボルシェヴィキ自らが召集した憲法制定議会を解散させ、選挙権を制限した点を批判した。しかし、獄中で現場の情報入手が限定されていた彼女は原則論に固執し、革命の展開を見極めた判断ができないところがあった。土地分配への反対は、農民との内戦にゆきついただろう。ソヴィエトも議会もという戦略は二元論に陥っただろう。この点に関して彼女は、ドイツ革命のさいに独立社会民主党が提唱したレーテ（労働者・兵士評議会）▲も国民議会もというスローガンを激しく批判し、自説を修正してレーテへの権力の一元化を主張するにいたる。

▼レーテ（労働者・兵士評議会〈労兵評議会〉）　一九一八年十月三十日に無益な出撃を命じた海軍指導部に対し水兵たちが抵抗したことが発端となり、十一月四日にキールで水兵が蜂起して武力を掌握。兵士の反乱は各地に拡がり全国で労働者と連携してレーテが結成された。講和、帝政廃止、民主化などの要求が出され、十一月革命へと繋がっていく。詳しくは第六章参照。

ローザにとっての民主主義――ローザのめざしたもの

革命の現状を考えれば、やむをえず原則とは異なる道を取らなければならないこともある。ローザはそうした選択は認めつつも、やむをえず取った選択肢が規範化されることを恐れていた。彼女が最も危惧したのは、すでに一九〇四年のレーニンの組織論批判で指摘していた政府と党指導部への権力の集中によって、人民大衆の自立性が剝奪されることだった。

ボルシェヴィキは「民主主義か独裁か」というかたちで問題を提起したが、ローザにとっては、こうした二者択一的な問題設定こそが誤りであった。彼女はプロレタリア独裁をめざしたが、それは民主主義の廃棄ではなく、民主主義を新しく発展させて社会主義的民主主義を創始することであった。重要なのは、少数の指導者による上からの押しつけではなく、プロレタリアートが下からの民主主義によって階級独裁をつくりだすことだったのである。そのためには大衆の積極的な参加と直接的な影響の行使、さらに公衆全体による統制が必要だった。そして、プロレタリアートは社会主義建設を自立・自律的に担える人材へと成長しなければならなかった。その場を与えるのが、創造的で民主的な活動への参加である。その過程で人民大衆は、課された使命を達成できる政治的な習練を重ね、文化的水準を高めるための精神変革を達成する。こうした大衆の直接行動と批判をも辞さない自由な精神活動の展開こそが、ローザの考える社会主義の真髄であり、手段であり、目的であった。

この原則的な彼女の見解は、ドイツ革命のなかでも変わらなかった。ドイツ革命のなかで「スパルタクス団」の綱領として十二月十四日に発表され、のちにドイツ共産党設立大会で党綱領として採択された「スパルタクス団は何を求めるか」のなかには、ローザが『ロシア革命論』のなかで展開したボルシェヴィキ批判の精神が如実に示されている。ローザにとって社会主義革命の本質は、勤労大衆が管理される大衆であることをやめ、政治、経済生活のすべてを自らのものとして生き、自ら自覚を持って自由に決定しながら進めていくところにあった。彼女は、大衆の自立性、自発性、創造性とそのための自己変革を主張したのである。大衆は、客体や手段であってはならなかった。スパルタクス団が求めるものは、つねに労働者大衆とともにあることだったのである。

▼**共和国宣言**　革命的騒擾を沈静化するため、十一月九日に帝国宰相マックス公が皇帝の退位と社会民主党党首エーベルトに政権を移譲。これを受けて午後に社会民主党のシャイデマンが国会議事堂のテラスからドイツ共和国の成立を宣言した。

⑥―ドイツ革命

すべての権力をレーテへ

　ドイツの敗北が不可避となった一九一八年十月、塀の外ではドイツの平和と社会変革を求める動きが活発化していた。その渦中に飛び込みたいのに、獄中で何もできないローザは苛立ちを強め、焦燥感にかられていた。リープクネヒトは釈放されたが、政治犯に対する恩赦は保護拘禁中のローザには適用されなかった。十月末の出撃命令の拒否を契機とする水兵の蜂起に続き、各地で「レーテ」（労兵評議会）が結成され、革命の火の手があがった。ローザが考えていたように、情勢が熟したときに大衆が自発的に革命行動を起こしたのである。十一月九日には共和国が宣言され▲、皇帝は逃亡した。

　各地の監獄の扉も開いた。四年三カ月の大戦中、実に三年四カ月獄中にいたローザも、九日にようやく自由になった。ブレスラウの中央広場に集まった群衆を前に、彼女は市役所のバルコニーから演説し、その日のうちにベルリンへと急いだ。彼女を迎え入れた仲間は、厳しい獄中生活によって老けこんだ彼女の姿に驚愕した。彼女の肉体は休息を要求していたが、彼女はただちに超人的な活動を開始する。『ロシア革命論』のなかで述べた、「迅速果敢に前進しなければ、反革命によって圧殺される」という法則を実践しようとしたのである。

十一月十日に社会民主党と独立社会民主党による人民代表委員会政府▲が誕生し、連合国との休戦協定が調印された。ベルリンのレーテは、リープクネヒトらの反対にもかかわらず、十日にエーベルト▲を首班とする人民代表委員会政府を承認した。労働者側は、三つの陣営に分断されていた。スパルタクス団は、国民議会の開催を最優先し、安寧と秩序をもとめる社会民主党はもちろんのこと、国民議会とレーテの二重権力を容認する独立社会民主党とも異なり、すべての権力をレーテに集中させようとした。

ローザは、社会主義革命を実現できる情勢ではないと承知しつつも、困難を克服して前進することに全力を傾けた。主要メンバーが逮捕されていたスパルタクス団は、大戦中はほとんど表だった活動はできず、一九一八年初頭以降の反戦デモにも革命の勃発にも積極的に関与できていなかった。そのためスパルタクス団はレーテ内に十分な勢力を獲得していなかったし、その執行評議会に

▼人民代表委員会政府　社会民主党と独立社会民主党がそれぞれ三人ずつ代表を出して形成された政府で、十日にベルリンの労兵レーテによって承認される。社会民主党が内政、軍事など重要な分野を担当し、従来の行政機関は技術的専門家として存続した。

▼フリードリヒ・エーベルト（一八七一〜一九二五）　仕立職人の息子としてハイデルベルクで生まれ、国民学校卒業後、馬具工の修業をする。この間に労働組合に参加し、一八八九年に社会民主党に入党。社会民主党系の地元紙の編集委員となったのをきっかけに党でのキャリアを積み重ねる。ベルリンの党学校に通い、ローザの講義を受ける。一九一二年に帝国議会議員に当選し、一三年に社会民主党党首に。社会民主党右派でスパルタクス蜂起を鎮圧し、一九年に初代大統領になる。二五年に病死。

●**人民代表委員会政府**　左下からディットマン、ランズベルク、ハーゼ、エーベルト、バルト、シャイデマン。ディットマン、ハーゼ、バルトは独立社会民主党所属。

●**ドイツ革命のワンシーン**（ベルリン、一九一八年十一月九日）　掲げられたプラカードには「同胞よ！撃つな！」とある。

も重要なメンバーを送り込むことはできなかった。それでも、ローザは大衆の潜在的な革命的力に期待して、それに影響を与え、組織化することをめざしたのである。

そのためには機関紙の発行が不可欠だった。ローザは反対だったが、団の支持者はブルジョア新聞の建物を押えて『赤旗（ローテ・ファーネ）』▲に変えたが、維持はできなかった。紆余曲折を経て、ようやく十八日にローザを実質的な編集者とする『赤旗』第一号が発行された。組織面はヨギヘスが担当している。この『赤旗』で彼女は、全身全霊をこめて、動静を冷静に俯瞰しながら情熱的に革命を鼓舞し、革命のとるべき方向性を示している。『赤旗』での最初の論文で提示した革命プログラムで、彼女は資本の支配の廃絶と社会主義的社会秩序の実現を掲げた。そのためには、さしあたり、全権力の大衆への、レーテへの集中、農村プロレタリアと小農の組織化、プロレタリアートの武装、行政、司法および軍隊からの旧勢力の追放、皇室や大地主の財産没収が必要だった。彼女の心髄であるプロレタリア世界革命実現のための世界労働者会議の召集も呼びかけられた。

▼『**赤旗**（ローテ・ファーネ）』　ドイツ革命のさなかの一九一八年十一月九日にローザとリープクネヒトによってスパルタクス団の機関紙として創刊される。共産党の設立にさいし党機関紙となる。ナチの政権獲得とともに発行を禁止されるが、非合法の地下出版のかたちで存続した。

ドイツ共産党の結成

事態は、ローザの期待を裏切る方向へと進んでいった。独立社会民主党は武力を行使して急進派を弾圧しようとするやり方には反対していたが、スパルタクス団との共闘をめぐっては党内で意見が対立した。スパルタクス団は、一九一七年四月の独立社会民主党結成のさいに、独自性を保ちながらグループとしてまとまって党に参加していた。十二月十五日に開催された独立社会民主党ベルリン地区臨時大会で、ローザは、独立社会民主党員の政府からの即時脱退、国民議会反対とレーテの権力奪取、独立社会民主党大会の召集を求める提案をしたが、この提案は、選挙を回避できないものとして受け入れ、そこでの最大限の成功をめざすという案に大差で敗れた。ローザ自身は、大衆は党指導部よりもスパルタクス団を支持していると考えていたが、それは幻想にすぎなかった。

それでもローザは、明くる十六日から開催されるレーテ全国大会に期待した。ローザやリープクネヒトをこの総会に出席させようとする試みは成功しなかった。ローザは『赤旗』でエーベルト・シャイデマン▲内閣の廃止、レーテの権力

▼**フィリップ・シャイデマン**（一八六五〜一九三九）　ヘッセン選帝侯国で皮職人の息子として生まれる。印刷工になり、一八八三年に社会民主党に入党。ジャーナリストとしても活動。一九〇三年帝国議会議員、一一年党書記長、一八年六月帝国議会副議長。人民代表委員会政府に参加し、一八年十一月九日に「共和国成立」を宣言。一九年二月の国民議会選挙後に共和国の首相となる。厳しすぎるヴェルサイユ条約の受諾に反発し、首相と党首を辞任。ナチ政権から亡命して、コペンハーゲンで死去。

を承認しない部隊の武装解除、赤衛軍の創設、国民議会拒否を要求した。このスローガンのもとにスパルタクス団はデモを呼びかけ、大会に外側から影響をおよぼそうとした。実際、ベルリン史上最大のデモがおこなわれたが、デモ隊の声は届かなかった。大会は、圧倒的多数で憲法制定国民議会の開催を決議したのである。

独立社会民主党の国民議会への参加決定以来、スパルタクス団のなかでは党から脱退して別の組織をつくるべき、という見解が多数を占めていた。ローザは、組織にとどまって大衆と接触を保つ必要性から党の分裂には反対だったが、結局多数の意見を受け入れた。それでも彼女はヨギヘスとともに、しばらく独立社会民主党内にとどまるようにという手紙をクラーラに送っていた。そこにはまだ革命的な党員がおり、彼ら・彼女たちをスパルタクス陣営に引き入れることをめざしたのである。

二十九日に、スパルタクス団の全国協議会は圧倒的多数で新党結成を決定した。その翌日から、ドイツ共産党創立大会がベルリンで開催された。大会でローザは、「われわれの綱領と政治状況」と題する長い、そして生涯最後の演説をおこなった。勝利への意志で溢れながらも、冷静に状況を分析し、革命への長い道のりと果たされるべき課題を示した。社会民主党や独立社会民主党の指導部批判をしながら、社会主義の実現に向けての行動の必要性を訴えたのである。最後を締めくくったのは、資本の鎖を断ち切るべきプロレタリア大衆こそ社会主義建設の担い手だという彼女の革命の原則論であった。

本大会で決定すべき事柄は、国民議会選挙に参加するか否かで、ローザは参加を主張した。その理由は、選挙を利用して大衆に対し国民議会の犯罪性を暴き、この反革命の砦を粉砕するためであった。スパルタクス団の指導部は、彼女の主張に賛成したが、大会の参加者は国民議会に原則的に反対しながら、その選挙には参加するという矛盾を理解できなかった。結局参加方針は、二三対六二で否決されたのである。

ローザは演説で安易なラディカリズムを戒めた。しかし、政府や右翼など反革命側の挑発や攻撃は激しさを増すばかりだった。

社会民主党政府による攻撃

人民代表委員会のエーベルトは、軍総司令部のグレーナーと同盟▲を結び、帝政時代の軍指導部の存続が決まった。両者は、革命の急進化を阻止するという点で一致していた。人民代表委員会政府の成立後も、繰り返しデモを組織して大衆を街頭に動員するスパルタクス団に対しては、テロルの党という非難が浴びせられた。街中では、革命推進派と阻止派の衝突は、流血をともないながら頻発していた。十二月になると、反革命派は公然と攻撃をしかけるようになり、六日には軍隊が『赤旗』編集局を占拠したり、レーテの執行委員を逮捕したりした。また当局の承認を受けたデモが、スパルタクス団の一揆の企てという口実でいっせい射撃を受け、一八人の死者を出した。リープクネヒトも、釈放されたが、七日に『赤旗』編集局で再び逮捕されていた。その背後には、社会民主党のベルリン市司令官ヴェルスがいたのである。

これらの攻撃に、大衆は街頭に出て抗議行動をおこなった。他方で、スパルタクス団に対する誹謗・中傷は激しさを増し、殺人・テロ集団のレッテルが貼られ、団の「暴動」が喧伝された。命を狙われるようになったローザは、自宅

▼同盟　十一月十日の夜、グレーナーはエーベルトに秘密の直通電話で軍の存続の保障を求め、同時にエーベルトの暫定政府に従い、革命鎮圧に協力することを約束した。

▼人民海兵隊　十一月革命後、ベルリンにいた水兵とククスハーフェンからの水兵を中心に新政府と革命の成果の防衛を目的として結成された部隊。社会民主党員、独立社会民主党員、スパルタクス団もいたが、無党派の水兵が大半。当初、エーベルト政府を支持していたが、十二月六日以降、左傾化し、俸給支払いなど自分たちの物質的要求も重視。一月蜂起では中立を守り、三月のベルリン闘争で政府軍の救援に駆けつけるが、敵だとみなされて射撃を受け、解散させられる。

に帰れず、毎晩のようにホテルを変えながら偽名で宿泊する日々を送らなければならなかった。

二十四日には、王宮に駐屯する、スパルタクス団支持ではないが六日の事件以来左傾化していた人民海兵隊▲に政府側の軍隊が砲撃したが、失敗に終わった(血のクリスマス事件)。この攻撃を契機に、労働者に対して銃を向けたくない独立社会民主党は政府を離脱した。入れ替わって党の軍事専門家であるノスケが政府に参加し、義勇軍▲によって構成される内戦用部隊の最高指揮官になる。この部隊は、二十九日には戦闘準備を整えていた。そして政府側は、革命派を圧殺しようと、武力攻撃の口実となるさまざまな挑発をおこなった。

一月蜂起と虐殺

一九一九年一月には独立社会民主党のベルリン警視総監アイヒホルン罷免の企てに対して、ベルリン独立社会民主党、革命的オプロイテ▲、共産党が共同で強力なデモンストレーションで対抗することを呼びかけた。五日に大規模なデモがおこなわれ、その後、一部が反アイヒホルン・キャンペーンを張り続けた

▼義勇軍　敗戦によって正規軍が解体するなか、プロイセン陸軍省は政府の協力のもと、東部国境の防衛と国内秩序の回復のために志願兵を徴募した。この部隊が義勇軍と呼ばれた。ベルリンでの人民海兵隊砲撃事件の失敗後、ノスケが軍部との密接な連携のもとで義勇軍の本格的編成に着手し、スパルタクス団への対応と国民議会に向けた治安維持の任にあたらせた。その後も革命運動の鎮圧やバルト地域での赤軍との戦いに従事した。

▼革命的オプロイテ　第一次世界大戦後期に、ベルリンの軍需工場を中心にしたパンの配給量削減抗議に端を発し、そのほかの都市へも広がって内政改革や反戦が掲げられたストライキが起こった。これを中心的に担ったのが、独立社会民主党と連携した金属労働組合の工場内活動家たちで、革命的オプロイテと呼ばれた。ドイツ革命ではレーテにも影響力をおよぼし、一九一九年の一月蜂起やその後の闘争でも重要な役割を果たすが、二〇年以降は活動が消滅。

『前進』編集局や新聞印刷所を占拠した。同じ日に独立社会民主党と革命的オプロイテ、さらに共産党からリープクネヒトとピーク▲も参加して、政府打倒の試みに着手する革命委員会が結成された。しかし、委員会は確たる展望を持てず、六日には独立社会民主党指導部は政府との交渉を提案していた。

ローザは、まだ政治権力をめざす闘争を展開できる情勢には達していない、としつつも、武装闘争には反対しなかった。交渉はきっぱり拒否し、一旦、戦闘の火蓋が切られたからには、全力で遂行しなければならないと主張した。行動！　行動！　彼女は、勇敢で断固とした徹底的な行動！　を呼びかけた。渦中に飛び込んでいく大衆に対して、彼女は明確なスローガンを与え、首尾一貫した断固たる態度を示さねばならない、と考えていた。彼女の目的は、反革命の攻撃を全力で防衛し、革命を守ることであった。彼女は政府打倒という大衆の目的には同調しなかったが、それでも大衆とともにあって、危険をかえりみずに行動のなかで大衆の革命意識を発展させようとしたのである。

一月八日から十二日まで、ノスケの指揮する部隊は『前進』の建物の砲撃を含めて革命派を攻撃し、多くの死者や逮捕者が出た。右翼の新聞やビラには、

▼**ヴィルヘルム・ピーク**（一八七六〜一九六〇）　ドイツ東部、現在のポーランド生まれ。大工になり、一八九五年、社会民主党に入党。党学校でローザの薫陶を受ける。平和主義者でスパルタクス団、共産党に参加。一月蜂起でローザとともにとらえられるが、偽造パスポートを持参して身元が割れなかったため脱出に成功。コミンテルンで活動し、一九二八年にライヒ議会議員。ナチの迫害をのがれてフランスに亡命し、その後ソ連に行き、三八年から四三年までコミンテルン総書記。スターリンにドイツの戦時情勢を助言する。第二次世界大戦後はドイツに戻り、四九年に旧東ドイツの初代大統領になる。

●**ヴィルヘルム・グレーナー**（一八六七〜一九三九）　ヴュルテンベルク王国で連隊主計官の息子として生まれる。アビトゥーア（高等学校卒業資格）取得後、入隊して陸軍大学で学び、参謀本部に配属され、鉄道部門を担当。一九一八年十月末、参謀総長ヒンデンブルクのもとでドイツ軍の撤退と復員の責任者になる。その後政治家に転身し、国防相になり、三一年以降は内相も兼任。ナチへの対処をめぐって辞任し、引退。

●**オットー・ヴェルス**（一八七三〜一九三九）　ベルリンで飲食店の息子として生まれる。一八九一年に社会民主党に入党し、内装工になって労働組合活動をする。党学校で学び、一九一二年から帝国議会議員。ベルリンのレーテに参加し、十一月十日ベルリン市司令官になり、十二月六日にスパルタクス団射撃の命令を与える。続く人民海兵団砲撃で捕虜になり、釈放されるが司令官辞任に追い込まれる。一九年に社会民主党党首となり、国民議会およびライヒ議会議員。ナチの政権獲得後も亡命組織の設立などに尽力するが、パリで死亡。

●**グスタフ・ノスケ**（一八六八〜一九四六）　ブランデンブルク生まれ。職人の修業中から労働運動に参加し、一八八四年、社会民主党に入党。新聞編集者に転じ、一九〇六年に帝国議会議員に当選。人民代表政府と共和国初期の内閣で国防相を務め、義勇軍の協力をあおぎながら一月の革命派の蜂起を鎮圧。その後各地の革命運動やミュンヘンのレーテ共和国の鎮圧をおこなう。二〇年のカップ一揆の責任をとらされて国防相を辞任し、ハノーファー知事に就任。第二次世界大戦末期に強制収容所に移送されるが生き延びる。

●**エミール・アイヒホルン**（一八六三〜一九二五）　機械工の修業をし、一八八一年社会民主党に入党、九三年に党役員になる。党の機関紙の編集に携わり、一九〇三年から一二年まで帝国議会議員。第一次世界大戦中、社会民主党の城内平和政策に反対して独立社会民主党に参加。十一月革命によってベルリン警視総監になるが、罷免を受け入れず、逮捕状が出る。地下に潜りながら、国民議会およびライヒ議会議員に当選。一九二〇年末に共産党に移籍。

ロ－ザ最後の隠れ家

▼住民軍　ノスケが、義勇軍の後ろ盾として「秩序と安寧」を守るために地域住民を組織化したもの。

▼近衛騎兵隊狙撃兵師団　東部戦線から帰還した近衛騎兵師団を中心に一九一八年春に結成され、再編されて西部戦線に参加。十二月初旬にポツダムに到着し、二十四日、王宮に駐屯していた人民海兵隊を砲撃した（血のクリスマス事件）。

ローザとリープクネヒトの虐殺犯ルンゲ

ローザとリープクネヒトを殺せ、という文字が躍っていた。ローザはベルリン脱出を勧められたが、きっぱり拒否した。刺客に狙われ隠れ家を転々としていた彼女とリープクネヒトは、十四日にヴィルマースドルフ地区のブルジョア街の友人宅に移った。ここでローザは、「敗北」から未来の勝利が咲き出すという確信のもとに敗北の原因を分析した最後の論説を書いた。おそらくこのアパートの居住者の通報によって十五日の夜に駆けつけた住民軍▲が二人を逮捕し、エーデンホテルにおかれていた近衛騎兵隊狙撃兵師団▲の臨時司令部に連行した。ごく簡単な尋問のあと、まずリープクネヒトが刑務所行きをよそおう車に乗せられ、殺害された。ローザは、ホテルの外に連れ出され、銃尾で頭蓋骨を強打されたあと、車のなかで射殺された。運河のなかに投げ込まれた遺体は、五月末に水門に打ち上げられて発見された。

ローザの死を誰よりも嘆き悲しんだのは、第一次世界大戦中から彼女と再び同志として共闘するようになり、彼女に心底心酔していたヨギヘスである。彼女は、彼にとっての存在の核心であり、すべてであった。十四日に彼は逮捕されたが、身元を割られず釈放されていた。彼は憔悴しながらも冷静さを保ち、

●—ベルリンの労働者に演説するカール・リープクネヒト

●—ローザが連行されたエーデンホテルと義勇軍の戦車

●—ローザの葬列(一九一九年六月十三日)

▼**ライヒ議会**　ヴァイマール共和国で最初の憲法制定のための国民議会（一九一九年一月）の後、二〇年以降の国会選挙ではライヒ議会の名称が使われた。ライヒは帝国という意味だが、もはや帝国でないため、ライヒ議会と訳されている。

▼**コミンテルン**　第二インターナショナルの崩壊後、一九一九年三月にロシア共産党の呼びかけで一九の組織が集まりモスクワで創立された共産主義インターナショナル。当初は世界革命をめざしたが、スターリン政権下ではソ連の外交政策の擁護が、一九三〇年代にはファシズム勢力との戦いが中心となった。一九四一年の独ソ戦の開戦により連合国との協調を優先させる必要から、四三年に解散。

彼女の遺稿を救い、虐殺者の割り出しと処罰に執念を燃やして『赤旗』で暴露した。それによって裁判にかけられ、有罪宣告がなされた虐殺の実行犯もいた。しかし、そのヨギヘスも三月十日に再び逮捕され、ただちに虐殺された。

病気のためシュトゥットガルトにいたクラーラは、ドイツ革命の行方を遠くから見守るしかなかった。彼女は、一九二〇年の第一回ライヒ議会選挙▲で共産党から立候補して当選し、三三年まで議員を務めた。コミンテルン▲の執行委員となり、長期間モスクワに滞在し、女性運動を指導した。スターリン路線には批判的だった。彼女が、あらゆる気力を振り絞って最後にした仕事は、一九三二年八月に最年長議員として国会を開会し、ナチに対する抵抗を呼びかけたことだった。彼女は三三年のナチの権力獲得後、モスクワ近郊に亡命し、そこで同年六月に最後の日を迎えた。

●—**コスチャがベルリンのクラーラのために一九二九年に購入した家**　クラーラは一九三二年まで暮らした。現在は記念館となっており、庭にはローザとクラーラの像がある（扉参照）。

●—**家の玄関に貼られた彼女の名誉をたたえるレリーフ**

ローザ・ルクセンブルクとその時代

西暦	年齢	おもな事項
1871	0	*3*- ロシア領ポーランドのザモシチで誕生
1873	2	ワルシャワに移る
1880	9	ワルシャワ第二高等女学校入学
1887	16	*6*- ワルシャワ第二高等女学校を高等学校卒業資格を取得して卒業
1889	18	チューリヒへ亡命
1890	19	チューリヒ大学哲学部入学。自然科学，数学，歴史学の受講。レオ・ヨギヘスと出会う
1892	21	法学部に転部
1893	22	*7*- 機関紙『スプラヴァ・ロボトニチャ』発行。*8*- 第二インターナショナルのチューリヒ大会に登壇し，ポーランド社会党の民族主義批判。ポーランド王国社会民主党の結成
1896	25	*4*- ドイツの社会主義理論機関誌『ノイエ・ツァイト』へのデビュー
1897	26	*5*- チューリヒ大学より「ポーランドの産業的発展」で博士号の学位を取得
1898	27	*4*- 偽装結婚をしてドイツ国籍獲得。*5*- ベルリンへ移住。『ポーランドにおける産業的発展』出版。*9*-『ザクセン労働者新聞』編集長。11月に辞職。*10*- 社会民主党党大会に初めて登壇し，ベルンシュタイン批判
1899	28	*4*-『社会改良か革命か？』出版
1900	29	ポーランド王国社会民主党がポーランド王国・リトアニア社会民主党へと改称。1914 年までインターナショナル事務局で党を代表
1901	30	*10*-『ライプツィヒ人民新聞』の共同編集者。数カ月で辞職
1904	33	*8*- 皇帝侮辱罪でツヴィッカウの刑務所に入獄。6 週間で釈放
1905	34	『前進』編集部の一員に。*12*- 革命の渦中のポーランドへ行く
1906	35	*3*- 逮捕され、ワルシャワ監獄から 6 月末に釈放。『大衆ストライキ，党および労働組合』出版。*9*- フィンランド経由でドイツへ帰国
1907	36	*4*- ヨギヘスと別離。*6* ～ *8* 前年の演説内容に暴行煽動罪が適用されベルリン女性監獄で服役。*10*- 社会民主党党学校講師，～ 14 年
1910	39	カール・カウツキーとの友人関係崩壊
1913	42	*1*-『資本蓄積論』出版。*9*- 兵士煽動罪で告訴される
1915	44	*2*- ベルリン女性監獄で服役。*4*-『ディ・インターナツィオナーレ』共同編集，創刊，発禁
1916	45	*1*- スパルタクス団結成。『スパルタクス書簡』発行。一時釈放。*4*- ユニウスの筆名で「社会民主党の危機」をチューリヒで出版。*7*- 保護拘禁の名目で入獄し，ベルリン，ヴロンケで服役。『経済学入門』執筆
1917	46	*7*- ブレスラウで服役
1918	47	『ロシア革命論』執筆。*11*- ドイツ革命による釈放。『赤旗』発行
1919	48	*1*- 共産党結成。*1-15* 義勇軍（近衛騎兵隊狙撃兵師団）兵士に虐殺される

参考文献

資料

ローザ・ルクセンブルク（野村修ほか訳）『ローザ・ルクセンブルク選集　１～４（1893-1904）（1905-1911）（1911-1916）（1916-1919）』現代思潮社，1969-70 年

ローザ・ルクセンブルク（伊藤成彦・丸山敬一訳）『ロシア革命論』論創社，1985 年

『ローザ・ルクセンブルク選集』編集委員会編（バーバラ・スキルムント・小林勝訳）『ポーランドの産業的発展』御茶の水書房，2011 年

『ローザ・ルクセンブルク選集』編集委員会編（小林勝訳）『資本蓄積論　第一～第三篇』御茶の水書房，2011-17 年

『ローザ・ルクセンブルク選集』編集委員会編（保住敏彦・久間清俊・桂木健次・梅澤直樹・柴田周二・二階堂達郎訳）『経済学入門』御茶の水書房，2018 年

書簡

ローザ・ルクセンブルク（伊藤成彦・米川和夫・坂東宏訳）『ヨギヘスへの手紙　１～４』河出書房新社，1976-77 年

ルイーゼ・カウツキー編（川口浩・松井圭子訳）『ローザ・ルクセンブルクの手紙――カールおよびルイーゼ・カウツキー宛 1896-1918』岩波文庫，1987 年

ローザ・ルクセンブルク（大島かおり編訳）『獄中からの手紙――ゾフィー・リープクネヒトへ』みすず書房，2011 年

Schütrumpf, Jörn (Hrsg.), *Rosa Luxemburg. Die Liebesbriefe*, Berlin, 2012.

伝記

パウル・フレーリヒ（伊藤成彦訳）『ローザ・ルクセンブルク――その思想と生涯』御茶の水書房（増補版），1998 年

J. P. ネットル（諌山正ほか訳）『ローザ・ルクセンブルク　上・下』、河出書房新社、1974-75 年

研究書

生田あい・田村雲供編『女たちのローザ・ルクセンブルク――フェミニズムと社会主義』社会評論社，1994 年

伊藤セツ『クラーラ・ツェトキーン――ジェンダー平等と反戦の生涯』御茶の水書房，2013 年

伊藤成彦『ローザ・ルクセンブルクの世界』（増補版），社会評論社，1998 年

伊藤成彦『ローザ・ルクセンブルク思想案内』社会評論社，2009 年

『思想　ローザ・ルクセンブルク―没後 100 年―』No.1148, 2019-12

西川正雄『第一次世界大戦と社会主義者たち』岩波書店，1989 年

西川正雄「ローザ・ルクセンブルク記念碑論争」若尾祐司・井上茂子編著『近代ドイツの歴史――18 世紀から現代まで』ミネルヴァ書房，2005 年，188-190 頁

松岡利道『ローザ・ルクセンブルク――方法・資本主義・戦争』新評論，1988 年

Evans, Richard J, *Sozialdemokratie und Frauenemanzipation im deutschen Kaiserreich*, Bonn, 1979.

Hervé, Florence (Hrsg.), *Clara Zetkin oder: Dort kämpfen, wo das Leben ist*, Berlin, 2007.

Schütrumpf, Jörn (Hrsg.), *Rosa Luxemburg oder : Der Preis der Freiheit*, Berlin, 2010.

Soden von, Kristine (Hrsg.), *Rosa Luxemburg*, Berlin, 1988

Trotta von, Margarethe/Ensslin, Christiane, *Rosa Luxemburg. Das Buch zum Film*, Nördlingen, 1986.

図版出典一覧

Bauer, Karin, *Clara Zetkin: und die proletarische Frauenbewegung*, Berlin, 1978. *71*中

Hervé, Florence（Hrsg.）, *Clara Zetkin oder: Dort kämpfen, wo das Leben ist*, Berlin, 2007. *9*右, *72*

Schultz, Hans Jürgen（Hrsg.）, *Frauen: Porträts aus zwei Jahrhunderten*, Stuttgart, 1981. *71*上

Schütrumpf, Jörn（Hrsg.）, *Rosa Luxemburg oder : Der Preis der Freiheit*, Berlin, 2010. *29*

Schütrumpf, Jörn（Hrsg.）, *Rosa Luxemburg. Die Liebesbriefe*, Berlin, 2012. *15*左, *61*下左

Soden von, Kristine（Hrsg.）, *Rosa Luxemburg*, Berlin, 1988. *15*右, *24, 26*中, *36*下, *37*上, *47, 53, 57*上, *73, 87, 88, 109*中・下

Trotta von, Margarethe/ Ensslin, Christiane, *Rosa Luxemburg. Das Buch zum Film*, Nördlingen, 1986. *2, 8, 10*右, *11, 13*上右・中, *17, 21, 26*上, *33, 37*下, *55, 61*下右, *83*左, *86*左, *89*下, *99*下, *109*上

ローザ・ルクセンブルク財団提供 *3*下, *10*左, *13*上左・下, *18, 26*下, *34, 36*上, *57*下, *58, 59, 61*上・中, *65, 79, 83*右, *85, 86*右, *108*左

Karl Dietz Verlag Berlin / ユニフォトプレス提供 *89*上

著者提供 扉, *6, 7, 9*左, *71*下, *108*右, *111*

PPS 通信社提供 カバー表, *3*上, *97, 99*上, *107*上・中上・中下

ユニフォトプレス提供 カバー裏, *107*下

姫岡とし子(ひめおか　としこ)
1950年生まれ
フランクフルト大学歴史学部修士課程,
奈良女子大学大学院人間文化研究科博士課程修了，文学博士
専攻，ドイツ近・現代史
東京大学名誉教授

主要著書

『統一ドイツと女たち——家族・労働・ネットワーク』(時事通信社 1992)
『近代ドイツの母性主義フェミニズム』(勁草書房 1993)
『世界歴史選書 ジェンダー化する社会——労働とアイデンティティの日独比較史』(岩波書店 2004)
『世界史リブレット 117　ヨーロッパの家族史』(山川出版社 2008)
『歴史を読み替える　ジェンダーから見た世界史』(共編著，大月書店 2014)

世界史リブレット人 87
ローザ・ルクセンブルク
闘い抜いたドイツの革命家

2020年11月20日　1版1刷印刷
2020年11月30日　1版1刷発行

著者：姫岡とし子

発行者：野澤武史

装幀者：菊地信義＋水戸部功

発行所：株式会社 山川出版社

〒101-0047　東京都千代田区内神田1-13-13
電話　03-3293-8131(営業)　8134(編集)
https://www.yamakawa.co.jp/
振替 00120-9-43993

印刷所：株式会社 プロスト

製本所：株式会社 ブロケード

© Toshiko Himeoka 2020 Printed in Japan ISBN978-4-634-35087-8
造本には十分注意しておりますが，万一，
落丁本・乱丁本などがございましたら，小社営業部宛にお送りください。
送料小社負担にてお取り替えいたします。
定価はカバーに表示してあります。

世界史リブレット 人

〈シロヌキ数字は既刊〉